中國學術思想

研究輯刊

三一編

林慶彰 主編

第12冊

七子視界
——先秦哲學研究（修訂版）（下）

魏義霞 著

花木蘭文化事業有限公司

國家圖書館出版品預行編目資料

七子視界——先秦哲學研究（修訂版）（下）／魏義霞 著 — 初
版 — 新北市：花木蘭文化事業有限公司，2020〔民109〕
目 6+176 面：19×26 公分
（中國學術思想研究輯刊 三一編；第 12 冊）
ISBN 978-986-518-002-7（精裝）
1. 先秦哲學 2. 研究考訂
030.8   109000267

ISBN-978-986-518-002-7

中國學術思想研究輯刊
三一編 第十二冊   ISBN：978-986-518-002-7

七子視界——先秦哲學研究（修訂版）（下）

作　　者　魏義霞
主　　編　林慶彰
總 編 輯　杜潔祥
副總編輯　楊嘉樂
編　　輯　許郁翎、張雅淋　美術編輯　陳逸婷
出　　版　花木蘭文化事業有限公司
發 行 人　高小娟
聯絡地址　235 新北市中和區中安街七二號十三樓
　　　　　電話：02-2923-1455／傳眞：02-2923-1452
網　　址　http://www.huamulan.tw 信箱 hml810518@gmail.com
印　　刷　普羅文化出版廣告事業
封面設計　劉開工作室
初　　版　2020 年 3 月
全書字數　438328 字
定　　價　三一編 25 冊（精裝）新台幣 50,000 元　　版權所有‧請勿翻印

七子視界
——先秦哲學研究（修訂版）（下）

魏義霞　著

第二十三章　儒家與法家治國方略比較

儒家作爲「顯學」在先秦時期產生了重大影響，並且從不同角度與法家展開了爭鳴。如果說儒家與墨家的爭鳴在有爲的視域內展開的話，那麼，儒家與法家的爭鳴便是有爲與無爲之爭。或有爲而治，或無爲而治；或德治，或法治，由此匯成了先秦政治哲學領域的爭鳴乃至對立。在有爲而治的陣營之內，儒家與法家一個以德治國，一個奉法而治，由此拉開了中國歷史上爭辯不休的學術公案。事實上，奉法而治在法家看來就是無爲而治。這不僅模糊了有爲與無爲之間的界限，而且加大了儒家與法家爭鳴的複雜性。通過儒家與法家政治方略的比較，可以對儒家的道德理想擁有更爲直觀的感悟。

第一節　不同的價值理想、治國方略和行政路線

對於先秦時期的百家爭鳴來說，思想差異最大、持續時間最久的非儒家與法家之爭莫屬。在對世界萬物本原的回答上，孔子、孟子代表的儒家尊奉天，作爲法家集大成者的韓非則崇尚道。神秘之天與自然之道使儒家與法家顯示了唯心主義與唯物主義的對立。然而，兩家爭論的焦點顯然不在天（宇宙本原是什麼）而在人（對人生意義和目標的回答）。儘管如此，在這方面，孔子、孟子代表的儒家以仁義道德爲價值目標，以君君臣臣父父子子的和諧建構爲社會理想；韓非代表的法家以功利爲鵠的，其理想目標是稱霸天下。循著不同的價值目標，儒家、法家提出了不同的行動方案和政治策略，各自建構了自己的政治哲學。

一、義與利、君臣父子與國富民強

儒家崇尚仁義道德，把道德完善視爲人生目標。正如《論語》所云：「子罕言利，與命與仁。」（《論語‧子罕》）孔子雖然並不反對所有的利益，但是，他始終將義置於首位，因而在談利時總是想到義與不義。有鑑於此，孔子總把物質利益與天命、道德聯繫在一起，對不屬於自己的利益不強求、不奢望。與對待利的淡漠相反，孔子對道德如饑似渴、日思夜想。不僅如此，孔子把憂道、聞道、學道視爲不懈的價值目標，表白「朝聞道，夕死可矣」（《論語‧里仁》）。對道的憂慮和渴望使儒家淡漠了物質利益和物質享樂。正如欣賞了美妙的韶樂而三月不知肉味一樣，孔子主張「憂道不憂貧」、「謀道不謀食」，始終將道德追求奉爲最高目標。孔子特意強調：「士志於道，而恥惡衣惡食者，未足與議也。」（《論語‧里仁》）孟子更是對義與利做對立理解，在何必曰利、惟義而已的視界中把利歸結爲義的對立面，進而在追求道義中將利置之度外。

出於追求道德完善的初衷，儒家爲人類設計的理想社會模式是「君君、臣臣、父父、子子」（《論語‧顏淵》）。在這個社會中，君有君的威儀，臣有臣的忠貞，父有父的慈祥，子有子的孝順。國君以道德垂範天下，境內之民仰懷，境外之民歸順；高貴者、尊長者受到愛戴，卑賤者、幼弱者得到關照。人人皆有自己的一種安全感和身份感，一片祥和、一派溫馨。這便是其樂融融、共享天倫的理想社會。

法家並不隱諱自己的功利動機，韓非更是一位極端的功利主義者。韓非在人性論上爲功利張目，把貪圖功利說成是人與生俱來的本性，以此肯定追逐利的合理性。沿著這個思路，韓非斷言，人的行爲都以逐利爲目的，人與人之間的關係都是利益關係。在此基礎上，韓非把人生的追求目標和人之價值的實現都鎖定在利上。對利的貪婪和渴望體現在理想的社會模式中便是，韓非懷抱國富民強之夢想，成就霸主事業和霸主的股肱之臣也隨之成爲他的人生宏願。在韓非看來，社會的理想境界應該是繁榮昌盛、國富民強，不僅有豐衣足食的生活用品和資料，而且具有遼闊的疆土和霸主的地位。

儒家與法家的價值目標和理想社會是兩種不同類型，歸根結底是對義與利的不同堅守與訴求。儒家的理想模式烙有宗法等級的印記，顯然與人人平等的當今潮流相去甚遠，它的道德禮樂對於人類社會似乎有不可抵擋的永恆魅力。法家的理想模式較之儒家要理智、現實得多，達到目的的手段卻讓人望而卻步，進而對之理想彼岸不敢問津。如果人性和人與人之間的關係像韓

非描繪得那麼醜惡可怕、鮮血淋淋的話，人所追求的國富民強還有什麼意義呢？面對儒家與法家的爭論，如何合理地融通兩家之精華，是弘揚傳統文化無法迴避的現實課題。

二、以德以理與以力以利

　　儒家的道德追求落實到政治領域，就是希望統治者正己以感民、用道德引導的手段達到平治天下的目的。這既是一條有別於百家的統治路線，又是儒家治國的目的和動機。孔子嚮往德治，把道德視爲治理國家的主要手段。他之所以對道德如此器重，歸根結底在於對道德與法律的作用和功能的如下界定：「道之以政，齊之以刑，民勉而無恥；道之以德，齊之以禮，有恥且格。」（《論語‧爲政》）在這裡，孔子承認刑罰能起到「齊之以格」（讓人行動起來規規矩矩）的作用，同時揭露了其治標不治本的缺陷，結果是「勉而無恥」；道德標本兼治，故而爲孔子所傾慕，道德手段所達到的結果正是孔子傾心的理想境界。這表明，孔子承認治理國家的主要手段是法律和道德，對這兩種治國方式的態度卻迥然不同：法律是無可奈何時不得不採取的手段，帶有不可掩飾的消極、迫不得已和不情願的情緒；道德才是積極的、主要的、長久的統治手段。如果說孔子對道德與刑罰的比較曾經使法律在國家的治理中佔有一席之地的話，那麼，這裡的回答則完全取締了法律的地盤。孔子凸顯道德的思想傾向在孟子那裡得到了淋漓盡致的發揮。在孟子「以不忍人之心，行不忍人之政，治天下可運之掌上」（《孟子‧公孫丑上》）的自信中，道德已經輕而易舉、遊刃有餘了，法律非但不需要甚至顯得多餘。可見，儘管德主刑輔，孔子的政治哲學畢竟容納了兩種統治手段。到了孟子那裡，只剩下了道德手段（仁政、王道），法律不再在孟子的視野之內。

　　爲了達到對利益的追逐，爲了早日實現富民強國的夢想，韓非弘揚法術。他直言不諱地表白，法術的推行並非好法而法，而是迫於對功利的追逐。具體地說，實行法治，暫時痛苦卻可以長久得利；實行仁道，苟樂而後患無窮。聖人權衡利弊輕重，出於大利的考慮，才狠心地採用法術而放棄了相憐的仁道。可見，聖人採用法術治國理民並非由於殘忍，實屬不得已而爲之。在韓非看來，法具有實用性和工具性，可以使人收到事半功倍的效果。對此，他一再強調：

　　　　法者，事最適者也。（《韓非子‧問辯》）

法所以制事，事所以名功也。法有立而有難，權其難而事成，
則立之；事成而有害，權其害而功多，則爲之。（《韓非子・八說》）

在韓非看來，法是處理各種事物、理順各種關係的有效手段。因此，要
做大事，必須實行法治。不僅如此，推行法治，君主可受其利。法治可國富
民強、拓疆闢土，幫助君主鞏固自身的統治；並在國家強盛之時，使域內百
姓承蒙恩澤，獲取功利。鑒於法之方便、快捷和有效，韓非把法視爲治國的
不二法門。對此，他指出：「國無常強，無常弱。奉法者強，則國強；奉法者
弱，則國弱。」（《韓非子・有度》）可見，功利是韓非立法的原則。

同時，按照韓非的說法，臣民效力君主並不是因爲這位君主是仁君，而
是由於其重用自己、給自己以功名利祿等諸多實惠；如果別的君主給自己更
多、更好的待遇，完全可以另擇明主而不必從一而終，其間沒有什麼道義、
承諾可言，只是一個利字。反過來，君主調使臣民沒有絲毫愛憐、寬惠之心，
只是利用自己手中的法碼進行利益的引誘。在國君的眼中，臣民就是一個棋
子、一個工具，憑著法術隨時可以決定其生死去留，其間不存在惠和禮，權
衡的唯一尺度是國君的利益——一己之私。可見，人對利的追逐推出了法的
必要。正因爲確信人皆爲利而來，韓非才以功利爲誘餌，增強法治的誘惑力。

如果說道德與法律是調節人與人之間的關係、治理國家的兩種手段的
話，那麼，孔子、孟子代表的儒家與韓非爲首的法家各自選擇了其中的一條。
正是在或德治或法治的選擇上，儒家與法家針鋒相對、各不相讓。這使兩家
對對方的政治主張基本上持敵對態度。由是，儒家與法家之爭似乎在所難免。
這是歷史上儒法爭論不休以至於有人把中國哲學史歸結爲儒法鬥爭史的原因
所在。

第二節　二千年的歷史公案

在儒家與法家的德治與法治之爭中，儒家堅持以道德引導爲主的禮樂教
化是治國的最好方法，法家則把法、術、勢奉爲富國稱霸的有效途徑。作爲
國家的大政方針和統治原則，儒家與法家的主張彰顯了不同的價值旨趣和行
爲模式，在具體貫徹中體現爲不同的入手處和切入點。在治國方略上，或曰
關於德治與法治的具體貫徹和實施，儒家與法家的分歧集中在以下幾個方面：

一、先王與後王——指導思想之分

　　追求道德完善的儒家以爭做聖賢而超凡入聖爲人生的價值追求和最高理想。循著道德引導的思路，爲了發揮榜樣的帶頭作用，富於幻想和詩化的儒家把古代的帝王或政治家詩化和神化，說成是道德完善和治國有方的聖人。這些聖人主要有：堯、舜、禹、湯、文王、周公和武王等。他們具有共同的特點——內聖外王，是內在修養與外在功績的完美統一。在儒家的眼中，聖人的言論和行動美玉無瑕、名垂千古，不僅爲後人留下了道德之絕唱，而且樹立了治國理民的光輝典範。因此，不論做人還是爲政都可以到聖人那裡找到最後的依據和絕對的權威。孔子不僅要求人們時時處處向聖人看齊，而且求聖若渴，經常思慕聖人、夢遇先賢，說自己很久沒夢見周公是道德墮落的表現。孟子「五百年必有王者興」是在「言必稱堯舜」的聖賢情結的鼓動下成就的。在治國方略上，孟子的法先王情結更是溢於言表。

　　具有現實主義精神的韓非不再恪守陳規、照搬舊法，而是強調時代和社會歷史的變遷性，呼籲因時制宜、不斷變法，隨著時代和社會歷史的改變及時更換統治策略。在他看來，古今的社會狀況存在巨大的差異。古代資源多、人口少，男人不耕種、女人不編織，草木之實、禽獸之皮足以吃飽穿暖。人民的生活不用費力就有充足的養備，故而不爭奪。如今的人口越來越多，致使財貨匱乏，紛爭日益激烈。時代變了，事情隨之發生變化。治理國家的措施也要相應地有所改變。換言之，今人所面對的是前人不曾遇到甚至不曾想到的新局面和新情況，再用先人的老一套方法對待今天的新情況，顯然會力不從心、措手不及。聰明人應該拋棄先王的老框框，制定出適應新情況的新方法和新對策。這便是韓非「世異則事異，事異則備變」（《韓非子·五蠹》）的法後王主張。

　　聖，超凡、出眾、卓越也。脫離庸俗和平凡的人就是聖人。正如在西方與人相對的是神類似，在古代中國與凡相對的則是聖；如果說在佛教那裡，與人相對的是佛，那麼，在儒家那裡，與眾相對的便是聖。其實，聖不僅是儒家而且是墨家、法家乃至道家的理想人格。當然，正如道家清高脫俗與法家尚力稱霸的聖人相去天壤一樣，儒家與法家的聖人也各有模式，其中最明顯的差別就是儒家崇尚的是先王，法家推崇的是後王。

　　儒家法先王，一切遵照先王之言行，這極易助長因循守舊、裹足不前之風氣。儘管儒家一再敦促人們終日乾乾、勤奮不懈，總難免不思進取之嫌。

在歷史領域，法先王的併發症便是復古主義和循環論。孔子所講的「百世可知」、對周代的讚歎以及孟子「一治一亂」的遞嬗迴圈都說明了這個問題。韓非的法後王在一定程度上鼓勵了人的開拓進取精神，旨在告訴人們，識時務者爲俊傑，只有認識到時局的態勢，趕上時代的步伐，才能做時代的弄潮兒而不被後浪所吞沒。輔王佐帝與慘澹經營，法家與儒家人物生前懸絕的仕途際遇無聲地凸顯了這一道理。

二、文行忠信與以吏爲師──施政方針之別

治理國家，就是讓被統治者按照統治者的要求和意圖去做。爲了把統治者的意圖傳達給被統治者，教育便成了不可缺少的中間環節和手段。因此，無論是身爲儒家的孔子、孟子還是身爲法家的韓非都強調教育在治理國家中的重要作用。當然，想要達到的政治目的不同，兩家教育的內容也大不相同。

眾所周知，孔子是中國歷史上第一個開辦私塾講學的人。他普及了教育，不論是收授門徒還是講學內容都擴大了範圍。孔子之所以主張「有教無類」，最大限度地擴大教育對象，是因爲他認識到無論何人接受教育對於統治者的統治都是有益的。他說：「君子學道則愛人，小人學道則易使也。」（《論語·陽貨》）在孟子嚮往的仁政、王道中，設庠序之學、對百姓進行教化是主要內容之一。所以，在百姓保障基本的溫飽之後，孟子念念不忘對之加以君臣父子、人倫日用的道德引導和教化。有鑑於此，「教化」一直是儒家政治和倫理思想的主題之一，以至其治國方案被稱爲禮樂教化。

韓非也強調教育的重要性，在某種程度上，這種教育是普及的，必須人人皆知。當然，韓非提倡的是法制教育。他建議政府派遣專人主管通報工作，郎中每天在郎門外傳達法律，致使境內之民每天都知道新的法律法規。同時，爲了讓法律觀念根於人心，成爲人們思想意識中根深蒂固的行爲信念，韓非呼籲：「故明主之國，無書簡之文，以法爲教；無先王之語，以吏爲師。」（《韓非子·五蠹》）在他看來，爲了樹立法術的至高無上性，必須排斥百家之學，防止其他思想觀念妨礙人對法家思想的接納和認同。法制教育讓人不僅知法懂法，而且執法服法。爲了達到這一目標，必須忘掉先王的諄諄教導，以官吏爲師。也只有這樣，才能確保人們聽到的、學到的都是法律條文，看到的都是依法辦事。通過這樣的教育，人們便會有法可依、行不逾矩。

可見，如果說認識到教育在治理國家、規矩百姓中的重要性是儒家和法

家的相同之處的話，那麼，由於動機不同，兩家的教育內容也大相徑庭。強調禮樂教化的儒家把仁義之道德視為教育的唯一內容和目的。孔子以「文、行、忠、信」四教示人。除了文指古代文化典籍之外，行、忠和信都可以歸為道德教育。這表明，孔子以道德教育為主。孟子的教育內容為忠義孝悌。韓非把知法懂法視為教育的唯一內容，普及法律成為教育的唯一目的。

三、表率引導與法術威懾──操作措施之差

儒家為政主要依靠人的道德自覺，而不贊同一味地暴力刑殺。孔子所講的德治就是以聖賢為楷模，國君率先垂範，在道德的感召下使老百姓從善如流，心服口服地聽從統治者的安排，猶如眾星圍繞著北斗星一樣。孟子所講的仁政、王道把以理服人的道德感化視為基本手段。對此，他明言：「以力服人者，非心服也，力不贍也；以德服人者，中心悅而誠服也，如七十子之服孔子也。」（《孟子・公孫丑上》）在儒家看來，口服心不服或行動規矩而沒有廉恥心都沒有達到高度自覺的道德境界，沒有解決思想意識深處的問題，對於統治者來說還潛伏著危險。要從根本上解決問題，統治者不能依靠暴力，只能靠自身的表率作用。正是基於這種理解，孔子給政下了這樣一個定義：「政者，正也。子帥以正，孰敢不正？」（《論語・顏淵》）按照他的說法，統治者治國理民主要靠自身的榜樣作用來帶動民眾，刑殺是萬不得已而為之，也是統治者自身不正、無能為力的表現。據《論語》記載，有人問孔子說：「殺無道，就有道，如何？」孔子回答說：「子為政，焉用殺？子欲善，而民善矣。君子之德風，小人之德草。草上之風，必偃。」（《論語・顏淵》）意思是說，只要領導者想把國家治理好，老百姓自然會好起來，其中的秘訣便是統治者帶頭端正自己的行為、行禮義於天下。所以，孔子連篇累牘地告誡統治者：

其身正，不令而行；其身不正，雖令而不從。（《論語・子路》）

苟正其身，於從政乎何有？不能正其身，如正人何？（《論語・子路》）

臨之以莊，則敬；孝慈，則忠；舉善而教不能，則勸。（《論語・為政》）

上好禮，則民莫敢不敬；上好義，則民莫敢不服；上好信，則民莫敢不用情。（《論語・子路》）

這表明，與墨家一樣，儒家幻想的乃是一條自上而下的上行下傚之策。

韓非指出，人性自私趨利、相互爭鬥。在物與物、人與人之間弱肉強食的競爭中，獲勝者必有利器。老虎能制服犬狗，是因爲老虎有鋒利的爪牙。假如老虎把爪牙送給狗，反倒會被狗所制服。君主要制服群臣、威臨天下，必須執握利器。君主的利器便是法、術、勢。法即國家頒布的法律，術是君主隱藏不宣的權術，勢即君主高高在上的威勢。韓非強調，對於國君而言，法、術、勢一個都不可少。質而言之，依賴法、術、勢而治就是利用刑德兩種權柄實施賞罰。對此，韓非斷言：「明主之所導制其臣者，二柄而已矣。二柄者，刑德也。何謂刑德？曰：殺戮之謂刑，慶賞之謂德。」（《韓非子・二柄》）在他看來，有了刑與德，在殘酷的暴力鎮壓和君主威力的壓制下，人們不敢妄爲；有了德與賞，在利與名的誘惑下，人們效死力爲君主賣命。這樣，統治者便可高枕無憂了。顯而易見，奉法賞罰的韓非貫徹的是高壓、強硬路線。事實上，韓非公開宣揚武力、暴政，以力服人。他宣稱：「力多則人朝，力寡則朝於人，故明君務力。」（《韓非子・顯學》）

是依靠統治者自身的道德感召、相信老百姓的道德自覺，還是依傍法術、憑藉威鎮利誘，這反映了儒、法兩家德服與力服的不同思路。儒家的道德感化相信人都有道德自覺、從善如流的可能性，體現了人類善良、光明的一面，面對暴徒又顯得軟弱無力，尤其是統治者利用懷柔政策大施淫威時，不能不使這條路線帶有無法克服的虛僞性和迂腐性。法家的暴力鎮壓體現了人類殘酷、兇猛的一面，在韓非所處的征伐連綿、狼煙四起的戰國時期，確實迎合了某種社會需要，有歷史進步的一面。同時，毋庸諱言，法家以力服人帶有慘無人道的酷烈性和殘忍性。例如，韓非爲君主設計的防奸禁奸、深藏不露的法術已令人不寒而慄、冰涼透骨，而他草菅人命，慫恿國君殺戮無一罪名、僅僅不爲君用的無辜隱士的做法更令人髮指。這使法家漸漸不得人心。

四、中庸與必固——思維方式之異

儒家宣導中庸之道，把之視爲最高的精神境界。孔子指出：「中庸之爲德也，其至矣乎！」（《論語・雍也》）所謂中庸之道，就是在思考問題、作出決策時，權衡利弊、左右、正反、好壞兩個方面，力圖做到中正不倚，既不過分，也無不及。在儒家那裡，中庸之道作爲經常可用的思想方法，不僅適用於道德修養、接人待物，而且適用於從政爲政、治理國家。根據中庸的原則，處理問題沒有固定的、事先想好的答案，一切都根據實際情況推敲而來。孔

子自稱：「吾有知乎哉？無知也。有鄙夫問於我，空空如也。我叩其兩端而竭焉。」（《論語‧子罕》）

儒家的中庸之道落實到從政上便是沒有統一的規定，一切都根據具體情況加以權衡。例如，「葉都大而國小，民有背心」，所以，「葉公子問政於仲尼，仲尼曰：『政在悅近而來遠。』」「魯哀公有大臣三人，外障距諸侯四鄰之士，內比周而以愚君，使宗廟不掃除，社稷不血食」，所以，「哀公問政於仲尼，仲尼曰：『政在選賢。』」「齊景公築雍門，爲路寢，一朝而以三百乘之家賜者三」，所以，「齊景公問政於仲尼，仲尼曰：『政在節財。』」（《韓非子‧難三》）

在行政操作和法律的制定、執行上，韓非始終強調法律的固定統一、不可更改。無論何人必須依法辦事，有法必依，不得以任何理由變動或篡改法律。《韓非子》中的一則故事形象而生動地說明了這個道理：

> 吳起示其妻以組曰：「子爲我織組，令之如是。」組已就而傲之，其組異善。起曰：「使子爲組，令之如是，而今也異善，何也？」其妻曰：「用財若一也，加務善之。」吳起曰：「非語也。」使之衣歸。其父往請之，吳起曰：「起家無虛言。」（《韓非子‧外儲說右上》）

組織好了，美麗漂亮，吳妻工作完成得這麼出色卻遭到譴責，並因爲這事被休回娘家，吳起的做法看起來似乎太不近人情了。然而，從另一個角度來看，執法必須維護法律的尊嚴，惟法必從。加入自己的好惡和修飾，便是對法律的輕漫和褻瀆。循著這個邏輯，吳妻被出，亦屬必然。

對於靈活性與原則性，儒家與法家各執一端。孔子注重靈活性，德治希冀的是整個社會自上而下的道德自覺，既不受制於物質利益的驅使，也不迫於外力的壓逼。只要應該就去做，不應該、不符合禮義的便不去做。所以，孔子斷言：「君子之於天下也，無適也，無莫也，義之與比。」（《論語‧里仁》）這與《論語》所講的「子絕四：毋意、毋必、毋固、毋我」（《論語‧子罕》）是一個意思。不懸空猜測、不絕對肯定、不拘泥固執、不唯我獨尊，作爲方法論和大的思想原則，無疑具有辯證的、可以肯定的一面。如果用這種脫離原則的靈活性無備而來，一切都隨機應變，則難免唐突和隨意，讓人無法遵循。韓非強調原則性卻漠視靈活性。法律的固定、統一讓人有章可循、有法可依，過分強調原則性卻使法生硬、強硬，不僅出現合法不合理、不合情的現象，而且會爲了法而法，最終使法流於空洞的形式。

五、簡約與詳盡——行爲追求之殊

由於依靠內在信念起作用，所以，道德不可能像宗教的清規戒律或法律的條款明文那樣做具體而詳盡的規定。在儒家那裡，儘管善惡美醜、義與不義時刻存乎胸中，然而，在現實操作上，究竟達到什麼境界，儒家的目標（聖賢）往往可望而不可及。即使可及，也絕不是靠繁瑣、冗長的戒律約束培養出來的。正因爲如此，講究禮樂教化、人倫道德的儒家對倫理觀念和行爲規範的界定並不詳盡，與韓非的變法、治國對策相比更顯簡約。例如，君子是孔子的理想人格，對於怎樣做才能成爲君子，孔子言曰君子具有謙虛、憂道不憂貧、隨和而不苟同、坦蕩無戚等特點。這樣說來說去，究竟什麼樣的人是常人、什麼樣的人是君子、什麼樣的人又是德人，其間沒有硬性標準和明文規定，全期他人的評價和社會的輿論。

在韓非看來，民無法必亂，法是用來禁止臣民作奸犯科的。在這個意義上，他說：「聖人之治，審於法禁。法禁明著，則官治。」（《韓非子・六反》）爲了達到這一目的，法律條文必須公開、清楚和明白。對此，韓非解釋說，法與術雖然都是君主理國的憑證，但是，兩者具有嚴格的區別：不同於術的深藏不露，「法莫若顯」。爲此，韓非強調法律的詳盡和公開：「法者，編著之圖籍，設之於官府，而布之於百姓者也。」（《韓非子・難三》）同時，爲了更好地發揮法的作用，法律條文必須詳細。對此，韓非聲稱：「書約而弟子辯，法省而民訟簡。是以聖人之書必著論，明主之法必詳盡。」（《韓非子・八說》）這就是說，法是人行爲的依據，辦事、論功的憑證。人時時處處都在活動，要想有憑有據，法律條文必須兼顧細枝末節，做到詳細、完備，事無鉅細，一覽無餘。

第三節　不同的社會功效、客觀影響和歷史命運

儒家與法家不同的治國手段和從政原則產生了不同的社會影響，也預示了兩家不同的歷史命運。

一、差等與平等——原則不同

儒家的政治主張帶有濃鬱的宗法等級色彩。正如對於利，尊者、長者可以優先於卑者、少者一樣，孔子強調尊貴者在法律面前的特殊權利。在這方

面，最典型的是「刑不上大夫，禮不下庶人」。正如普通老百姓喚不起別人的特殊恭敬一樣，大夫以上的高級官員可以免於法律的酷刑。這在認定法律的許可權時，姑息了法律之外的特殊公民。儒家認爲三綱五常、以尊壓卑、以長制幼就是天理。朱熹的這段話最能說明這個道理：「凡有獄訟，必先論其尊卑、上下、長幼、親疏之分，而後聽其曲直之辭。凡以下犯上、以卑凌尊者，雖直不右；其不直者，罪加凡人之坐。」（《戊申廷和奏箚》，《朱子文集》卷14）

爲了維護法律的尊嚴，法家突出法律面前的一視同仁。春秋時期的管仲提出：「君臣上下貴賤皆從法，此之謂大治。」韓非尤其重視法律面前人人平等，強調推行法治必須一視同仁，不論親疏、貴賤、尊卑都要依法賞罰或舉棄。量才錄用、論功行賞是唯一原則，其中不存在親疏、遠近或尊卑之別。於是，韓非連篇累牘地重申：

> 法不阿貴，繩不撓曲。……刑過不避大臣，賞善不遺匹夫。（《韓非子·有度》）

> 明主賞不加於無功，罰不加於無罪。（《韓非子·難一》）

> 是故誠有功，則雖疏賤必賞；誠有過，則雖近愛必誅。疏賤必賞，近愛必誅，則疏賤者不怠，而近愛者不驕也。（《韓非子·主道》）

> 故行之而法者，雖巷伯信乎卿相；行之而非法者，雖大吏詘乎民萌。（《韓非子·難一》）

在此，韓非強調法律面前人人平等，沒功者不賞，有罪者必罰，即使是大夫世卿、王公太子也沒有特權。這樣的例子在《韓非子》中屢見不鮮，下略舉其一：

> 荊莊王有茅門之法曰：「群臣大夫諸公子入朝，馬蹄踐霤者，廷理斬其輈，戮其御。」於是太子入朝，馬蹄踐霤，廷理斬其輈，戮其御。太子怒，入爲王泣曰：「爲我誅戮廷理。」王曰：「法者，所以敬宗廟，尊社稷。故能立法從立尊敬社稷者，社稷之臣也，焉可誅也？……」於是太子乃還走，避舍露宿三日，北面再拜請死罪。（《韓非子·外儲說右上》）

可見，無論賞還是罰，韓非都把之納入法律條文加以規範；無論王公大人還是平民百姓，行爲都以法律爲準。

王子犯法與庶民同罪，這是執法者應有的姿態和氣度。沒有特殊的公民和特殊的機構。政府的各級組織、部門和領導者都應遵章運作、依法辦事，決不允許利用本部門的優越條件或自己手中的權力隨意賞罰乃至以權謀私。這是韓非等法家的真知灼見。

二、瀆職與越職──後果有別

出於杜絕犯上作亂的動機，儒家強調人之思和行都不應超出自己的名分。沒有職權、不擔任社會組織工作的平民不應該考慮治國之類的大問題。所以，在《論語》中，「不在其位，不謀其政」（《論語‧憲問》）就出現了兩次──另一處是在《泰伯》中。對此，曾參解釋說：「君子思不出其位。」（《論語‧憲問》）害怕老百姓參政議政是孔子正名思想的一部分，也反映了統治階級對下層民眾的抵防、敵視心理。

韓非寫道：「夫善賞罰者，百官不敢越職。」（《韓非子‧難一》）不僭越、不是自己應該幹的事不要參與，這是儒家與法家的共同認識。所不同的是，儒家強調不越職，對不瀆職卻捲舌不議。與孔子不同，韓非強調越職者罰，瀆職者也罰。《韓非子》中的許多寓言伸張了這個原則。其一曰：

> 昔者韓昭侯醉而寢，典冠者見君之寒也，故加衣於君之上，覺寢而說，問左右曰：「誰加衣者？」左右對曰：「典冠。」君因兼罪典衣與典冠。其罪典衣，以為失其事也；其罪典冠，以為越其職也。非不惡寒也，以為侵官之害甚於寒。（《韓非子‧二柄》）

所做的事一定要與所受的職相符，言大而功小者罰，言小而功大者亦罰。有功者必賞，有罪者必罰，從而使人既不懈怠也不妄為。從這個意義上說，法家不再像儒家那樣挫傷人的政治熱情和參與意識了。孔子強調職位與思謀的一致性，側重不越職的一面。或許由於道德靠自覺，別人說得再多也沒有用，或許如孔子所言得那樣「中人以下，不可以語上」，老百姓沒有理解高深的治國謀略的能力而不屑去說，對於一般老百姓，孔子不求使之知，只求他們順從長者的意願。他指出：「民可使由之，不可使知之。」（《論語‧泰伯》）對於這句話，從可能性的高度來理解，反映了孔子對下層人民流露出幾分同情；如果從必要性的角度來理解，則是不折不扣的愚民政策。儘管孔子說過讓不會作戰的人去打仗等於陷害他們，云「不教而殺謂之虐」（《論語‧堯曰》），還從完善道德的角度強調對人實施教育，然而，這都是從愛惜生命、提高生

命品質的人道主義出發的。一落實到政治領域，爲了杜絕人們參政議政、僭越奪權、犯上作亂，孔子寧可讓人做不思不想、聽任擺佈的順民。

三、護私與廢私──心態各異

儒家的「愛有差等」反映到政治領域就是視人之地位尊卑和血緣親疏分別對待。儘管君與父要對臣與子以惠、以慈，然而，這比起臣與子對君與父之忠孝簡直不足一提。所以，儒家思想助長了上位者之私。錦衣美食，下層人想都不應該想，位尊者卻可以心安理得地穿之、食之，便是這個道理。

法律面前人人平等本身即露出了法不阿貴、不凌弱的端倪。韓非主張法治，目的之一便是避免君主以個人的喜怒和好惡來治理國家。法治在禁奸時，也禁私、廢私。所以，韓非說：「夫立法者以廢私也，法令行而私道廢矣。」（《韓非子・詭使》）在他看來，法不僅可以杜絕君主以自己的好惡強加於國，而且可以使群臣爲官廉潔、防止腐敗。眞的嗎？韓非講了這樣一個故事：

> 公儀休相魯而嗜魚，一國盡爭買魚而獻之，公儀子不受。其弟諫曰：「夫子嗜魚而不受者，何也？」對曰：「夫唯嗜魚，故不受也。夫即受魚，必有下人之色；有下人之色，將枉於法；枉於法，則免於相。雖嗜魚，此不必致我魚，我又不能自給魚。既無受魚而不免於相，雖嗜魚，我能長自給魚。」（《韓非子・外儲說右下》）

美味佳餚，非不欲得。考慮到枉法、守法之利弊，公儀休最終還是爲守職而不受魚。這不禁令人聯想到，對於那些公飽私囊的人而言，如果有了令人生畏的法律，他們還會如此肆無忌憚嗎？

四、榮辱與顯隱──命運懸殊

正如人的命運很大程度上取決於自身的作爲一樣，學術思想的歷史命運與其理論本身具有某種必然聯繫。儒法兩家思想的不同之處在後續的歷史滄桑中演繹成榮辱興衰的懸殊命運。

早在春秋時代，在異軍突起、喧喧嚷嚷的眾多學說中，儒家便脫穎而出、名聲鵲起，很快成爲百家之冠，而這時法家則顯得相形見絀。從社會影響上看，與門徒三千、桃李遍天下的孔子相比，早期法家如商鞅、申不害、愼到等儘管靠君主大樹之蔭涼，面對門前冷落鞍馬稀之慘狀也不能不自愧弗如。

到了戰國，孔子創立的儒家在孟子、荀子等人那裡進一步得到光大和闡

揚，「顯學」地位日益鞏固。法家思想同樣在戰國末期的韓非那裡集其大成，對當時諸侯各國的政治、軍事產生了巨大影響。總的說來，在先秦，法家勢力一直沒有勝過儒家。

隨著漢代儒術被獨尊，儒家在傳統文化中的主幹地位日益明朗。為了尋找傳播的契合點，東漢傳入的佛教曾與中國本土文化中的儒學、玄學、道家、道教比附、合流，卻始終沒有向法家靠攏。儒、釋、道三位一體的宋明理學的出現在宣布儒學再次成為官方哲學的同時，也宣布了作為先秦四雄之一的法家與墨家一樣被甩到了歷史後面。

同是先秦四雄之一，墨家歷經衰微之後在近代得以復活，進行了一次鳳凰涅槃，而法家在近代依然生還無望。這時的儒家，儘管其創始人孔子的聖賢地位受到威脅，康有為等人曾把孔子奉為變法維新的祖師爺加以供奉，至於孟子地位之抬升更是有目共睹。在近代的文化革命和文化重建中，有道德革命、聖賢革命、詩界革命等數十個革命和建設，尤其對道德建設倍加關注，而惟獨沒有法學革命或建構。更意味深長的是，在嚴復翻譯的八大西學名著中，有一部就是法學著作，即法國啓蒙思想家孟德斯鳩的《論法意》（今譯為《法的精神》）。然而，這部書在近代中國產生的影響主要不是法律內容，而是書中涉及的地理環境決定論。中國近代思想家所熱衷的不是原著對西歐各國法律風俗的具體研究，而是不同地理環境對社會風氣和人的精神面貌、文化習俗的決定性影響。近代思想家對《論法的精神》進行的這種顧左右而言他的取捨方式是耐人尋味的。

與儒家、法家不同的學術命運及社會影響形成強烈反差的是，諸侯各國和歷代統治者對儒家與法家、德治與法治的態度和對待。先秦的儒家雖然產生了巨大的社會影響，孔子、孟子、荀子等人都周遊列國販賣儒學，卻受到同樣的敬而遠之的冷遇，政治抱負無一被採納。孟子曇花一現的「加齊之卿相」不得不因為齊宣王不採納自己的仁政主張而辭官出走。饒有興趣的是，各諸侯國不想採納儒家的德治、仁政主張，卻在表面上對儒家的游說者表示歡迎、以禮相待。與儒家的懷才不遇相比，法家可謂是官運亨通，從商鞅、李悝、申不害到韓非、李斯均成為君主成就霸主事業之股肱。出乎意料又在意料之中的是，這些被重用的法家人物在伴君如伴虎的政治生涯中均不得善終，飲盡法術之酷刑。秦代之後的歷代統治者都標榜自己走的是儒家路線、以德治國，而暗地裏卻採用法家的高壓政策。

出現以上種種戲劇性場面的主要原因是，以禮儀之邦著稱於世的中國人喜談道德、忌諱法律。君主推行仁政會贏得仁德的美譽，推行法治則換來殘酷的惡名。中國人的這種心態與法家崇尚嚴刑酷法具有一定的關係。

第四節　歷史的迴響和時代的呼喚

儒家與法家對立的焦點、也是最代表兩家特色的便是德治與法治之爭——採取什麼方式和手段達到天下平治的目的。德治與法治、仁政與暴政以及其間的溫良與激進之差，一言以蔽之，即關於道德與法律的分歧，其間的差別只存在於對其手段和效果的事實判斷上，而不存在於善惡、良暴的價值判斷上。只有以公正、平和的心態重新審視道德與法律的作用，才能更客觀地理解儒家與法家的爭論。

一、懷刑與適古——儒家與法家的相互態度

孔子、孟子與韓非生前並未進行過正面交鋒，通過對他們思想資料的具體研究和整體把握，可以看到他們對道德與法律以及德治和法治所持的態度。

儒家崇尚道德，追求德治之世，那只是一種理想的最高境界。對於並不盡如人意的現實社會，孔子在原則上並不反對法律。相反，孔子還把是否心中想著刑罰、不觸犯法律視為判斷君子與小人的標準。《論語》中記載：「子曰：『君子懷刑，小人懷惠。』」（《論語・里仁》）可見，儒家並不否認法律的作用，不同於法家的只不過在承認法治必要性的同時，看到離開道德的法律的侷限和法治路線推至極端的可怕流弊。

法家力推法治，並為達到「以法為教」的目的而禁絕百家之學，這不能不衝擊作為百家之顯學的儒家及其宣揚的仁義道德。韓非本人曾對儒家道德之說的軟弱無力、漏洞百出進行過揭露，那是在總結和評價先秦思想之時，並不說明他對儒家及道德說教的特殊敵意。在當時，韓非光大法術，主要是考慮到戰國時代的社會情況，面對人心不古的局面道德會束手無策。事實上，韓非不否定道德適用於物多人少的古代，並對周文王用道德手段行仁義而王天下予以肯定。不難想像，在他嚮往的井井有條的理想社會，道德也會顯得並不軟弱和無力。這表明，與儒家誇大道德的至上性和法律的消極性類似，法家在隆法的過程中誇大了道德的侷限性。儘管如此，正如儒家並不一味反

對刑罰和法律一樣，法家也承認道德的適用性，在某些時代爲道德留下了一席之地。

從歷史上看，道德與法律從來都不是隔絕無涉、互不相容的。歷代統治者陽儒陰法便恰好證明了道德與法律、懷柔與高壓缺少任何一手，都會力不從心。從思想淵源上看，儘管儒、法兩家有種種差異，然而，許多思想家兼承兩家之學脈，最突出的是戰末的荀子——一面對孔子、孟子的思想推崇備至，一面又主張隆禮重法，以至有人把他歸爲法家。這種歸屬恰當與否，另當別論。問題的關鍵是，這反映了儒家與法家、道德與法律在歷史沿革中不可否認的血緣關係。

儒家與法家的態度以及歷代統治者的做法凸顯了一個樸實無華的道理，那就是：道德與法律各有所長、各有所短，兩者缺少任何一方，都會陷入極端，最終妨礙人類的文明和進步。

二、道德與法律的不同特點

儒家與法家的爭論暗示了道德與法律具有不同的理論特徵和社會功用，這包括三個方面：

1.鼓勵與禁防

道德以鼓勵爲手段。道德靠人的內心信念和社會輿論起作用，不帶有暴力或強制性。它起作用的最終憑據是人的良知和道德心，運作機制是在廉恥心和榮譽感的督促下，使人從善如流、爭先恐後。所以，孟子說假如人沒有羞惡之心，不以不如別人爲恥，也就不可救藥、永遠趕不上別人了。這揭示了道德催人奮進、鼓勵上進的積極作用，也暗示了道德的非強制性——只要自己不以爲恥，別人便奈何不得。

法律的手段是禁止和嚴防，把人的行爲規範在某一許可的界限之內。無論理解與否、願意與否，都要在此劃定的圈內活動，超出界限就要受到懲罰。法律的懲罰方式不是輿論譴責或自我反省，而是暴力或武力鎮壓。

2.自律性與他律性

道德的最高境界不是懼怕什麼而不敢爲惡，而是從內心認識到作惡的可恥、可憎和可恨。它的前提是相信人有知善、向善、從善和行善的能力，表現了對人自身本性和素質的自信樂觀。道德始終是用積極主動的手段達到某種目的，道德的運用和長足進展有助於人的自律性。

　　法律體現了人的他律性。它在歷史上的出現表示人類放任、自發的幼年時代已經過去，開始會理性地規劃自己的行為了。法律的出現對於天性喜歡自由的人類來說，不能不帶來某種衝擊。因為從本質上說，法律畢竟是以消極方式去達到目的。這就是說，正如道德體現了主體的能動性一樣，法律在某種程度上帶有他律性。

3.最高目標與現實操作

　　道德是理想的，給人提供了最高理想和審美目標。去做了，便成為聖人、君子，超凡入聖──這個聖人、君子往往離普通人又那麼遙遠；不去做，還可以堂堂正正地做一個平平凡凡的人。無可無不可，去不去做關鍵取決於每個人不同的覺悟境界和價值取向。

　　法律是現實的，從禁止的角度規定了做人的底線，那就是不要做什麼，然後才有生存和發展的權力。對於這種禁止，任何人都不例外，不能違背。至於在這個最低起點上，還想做些什麼更高覺悟的事，那由你自己決定。這從不應該的角度規定了人能夠做什麼，雖然是最低限度的，但又只能這樣做。否則，就要受到制裁。

　　有人說，法律是「先小人而後君子」，道德則是防得了君子而防不了小人。因為道德所感召的恰恰是那些安紀守法、循規蹈矩的人。一旦道德的天平失衡，道德信念發生動搖或偏離，道德便拿不出行之有效的辦法來制裁其叛逆者。這種評價或許偏激，卻道出了一個不容否認的事實，那就是：在階級社會中，法律比道德更具有普適性。

　　道德為人提供了無限的可塑空間，使人充分發揮其內在潛能，自由揮灑，變得理想而浪漫；法律則規定了為人的時空限度，使人變得實際和現實。從理論特徵上看，道德可以幫助人們模塑理想人格、追求人性醇美。只有道德，才能使人類不斷衝破自我，擺脫庸俗，進而充分展示人性的光輝，使人在精神上不斷超越和昇華。道德無疑是人類進步和社會發展的一項重要標識。法律在道德規定的「應該」之前為人類界定出共守的「不應該」，這是人生存的基本點和第一步。法律使人充實和腳踏實地。

　　總之，道德與法律具有不同的特點和作用，在不同的歷史時期，地位和作用各不相同。這正如道德原始社會就有、並不會隨階級的消失而驟然消失，而法律作為暴力機器和捍衛國家的工具將與國家一起消亡一樣。儒家和法家不同的個人際遇和學術命運也從一個角度證明了道德與法律的根本差異。當

然，道德與法律都是針對人而言的。人是多面的，豐富的。對於不同的人而言，道德與法律的不同具有互補之勢。

第五節　儒法之爭留下的思考

儒家與法家的爭論證明了道德與法律各具特色，對於和諧社會的建設缺一不可。進而言之，在建構社會主義和諧社會時，道德建設與法制建設應該如何運作？儒家與法家的回答——因人而治現實而有效，是儒、法之爭乃至古代政治哲學留下的可貴啓示。

首先，儒家、法家都注重對人性的挖掘和研究。儒家開發人的光明面和善良處，得出了人性善的結論；法家側重人的陰暗面和醜惡處，得出了人性自私自利的結論。前者的代表是孟子，後者的代表是韓非。

「言性與天命，不可得而聞」（《論語・公冶長》）的孔子對人性的建構單薄得近乎空白，只留下了「性相近也，習相遠也」（《論語・陽貨》）的垂訓，言語匆匆中讓人弄不懂他說的是人性近於惡還是近於善。孔子設置的這一懸案在孟子那裡亮出了謎底。

孟子不僅明確宣布人性爲善，在中國歷史上首當其衝地舉起了性善論的大旗——「孟子道性善」（《孟子・滕文公上》），而且從邏輯推理、經驗證明兩個方面對性善說做了深入闡釋和哲學論證。在邏輯證明方面，孟子指出：「凡同類者，舉相似也。」（《孟子・告子上》）在他看來，天下的東西，凡是同類都具有相同的特徵。給某人做鞋，即使不看他的腳，也不會把鞋做成筐——天下所有人的腳都是相同的。就人的五官而言，口對於味有相同的嗜好，所以，天下所有人都喜歡吃名廚易牙做的食物。假如美味因人而異，猶如犬馬與人那樣不同的話，那麼天下的人爲什麼偏偏都喜歡吃易牙做的食物呢？人對於美味都期於易牙表明：天下人之口具有相同的嗜好。至於聲音，天下人都喜歡聽名樂師曠演奏的音樂。這表明，天下人的耳朵有相同的嗜好。看見子都的人都認爲子都是個美男子表明，天下人的眼睛具有相同的嗜好。對此，孟子歸納說，既然口對於味有相同的美食、耳對於聲有相同的美音、目對於色有固定的美貌，爲什麼說到心便「獨無所同然」？這在邏輯上講不通。唯一合理的解釋是，人心有相同的祈向。進而言之，天下人之心都喜歡的是什麼呢？那就是理義。孟子斷言：「故理義之悅我心，猶芻豢之悅我口也。」（《孟

子‧告子上》）在經驗證明方面，孟子指出，任何人突然看見孺子入井都會產生驚駭、同情之心。這種心情的產生不是為了與那個小孩的父母攀結交情，也不是為了在鄉里鄉親中博取名譽，更不是因為厭惡那個小孩的哭聲。那麼，這種同情心產生的根源是什麼呢？舜在深山老林隱居時，在家與樹木、土石為伴，出遊與麋鹿、野豬為伍。這時的舜與野人沒有什麼不同。然而，等舜聽到一善言、見到一善行時，心中的善就像江河決口一樣沛然不能自禦，這又是什麼力量的驅使呢？其實，這些行為都出自人之本能。它們的發生證明「四心」為人心所固有，並非強加於人的外來之物。於是，孟子宣稱：「惻隱之心，人皆有之；羞惡之心，人皆有之；恭敬之心，人皆有之；是非之心，人皆有之。」（《孟子‧告子上》）人都有「四心」，猶如人都有四肢一樣，「四心」是人與生俱來的東西。在此基礎上，孟子指出：「惻隱之心，仁也；羞惡之心，義也；恭敬之心，禮也；是非之心，智也。」（《孟子‧告子上》）「四心」是仁、義、禮、智的萌芽，與生俱來證明仁、義、禮、智為人性所固有。因此，孟子又斷言：「仁義禮智，非由外鑠我也，我固有之也。」（《孟子‧告子上》）仁、義、禮、智，善也。人心先天地含有仁、義、禮、智，表明人性生來就是善的。

韓非指出：「夫民之性，惡勞而樂佚。」（《韓非子‧心度》）在他看來，人不僅好逸惡勞、天性懶惰，而且自私自利、勾心鬥角。人皆好利而惡害，好利惡害是人的本性。因此，韓非一再重申：

> 好利惡害，夫人之所有也。……喜利畏罪，人莫不然。（《韓非子‧難二》）

> 夫安利者就之，危害者去之，此人之情也。……人焉能去安利之道而就危害之處哉？（《韓非子‧姦劫弒臣》）

從人皆好利出發，韓非斷言人性是自私的，人與人的一切關係無非是利益關係，無不表現出人的自私性：第一，人與人之間的關係都建立在利己的基礎上。韓非指出：「輿人成輿則欲人之富貴，匠人成匠則欲人之夭死也，非輿人仁而匠人賊也。人不貴則輿不售，人不死則棺不賣，情非憎人也，利在人之死也。」（《韓非子‧備內》）按著他的邏輯，輿人慾人富貴、匠人慾人早死。這並不是說前者善而後者惡，究其極都是利益的驅使。輿人與匠人的做法不同，其用心卻是一樣的。第二，君臣之間是相互利用的買賣關係，甚至是相互爭奪、殘殺的戰爭關係。韓非寫道：

主賣官爵，臣賣智力。（《韓非子‧外儲說右下》）

且臣盡死力以與君市，君垂爵祿以與臣市。君臣之際，非父子之親也，計數之所出也。（《韓非子‧難一》）

在韓非看來，不僅君臣之間「上下一日百戰」，君主與王室宗親之間更是血淋淋的廝殺關係。韓非指出：「后妃、夫人、太子之黨成而欲君之死也，君不死則勢不重，情非憎君也，利在君之死也。」（《韓非子‧備內》）第三，家庭中的父子、夫妻關係也是利益關係。對於父母與子女之間的相互算計，韓非揭露說：「且父母之於子也，產男則相賀，產女則殺之。此俱出父母之懷袵，然男子受賀，女子殺之者，慮其後便，計之長利也。故父母之於子也，猶用計算之心以相待也，而況無父子之澤乎？」（《韓非子‧六反》）第四，即使是一種利他的行為，其實質仍然是為了利己。正是在這個意義上，韓非一而再、再而三地指出：

故王良愛馬，越王句踐愛人，為戰與馳。醫善吮人之傷，含人之血，非骨肉之親也，利所加也。（《韓非子‧備內》）

吳起為魏將而攻中山。軍人有病疽者，吳起跪而自吮其膿。傷者之母立泣，人問曰：「將軍於若子如是，尚何為而泣？」對曰：「吳起吮其父之創而父死，今是子又將死也，今吾是以泣。」（《韓非子‧外儲說左上》）

夫買庸而播耕者，主人費家而美食，調布而求易錢者，非愛庸客也，曰：如是，耕者且深，耨者熟耘也。庸客致力而疾耘耕者，盡巧而正畦陌者，非愛主人也，曰：如是，羹且美，錢布且易云（有──引者注）也。此其養功力，有父子之澤矣，而心調於用者，皆挾自為心也。（《韓非子‧外儲說左上》）

更有甚者，韓非強調，人自私自利的本性先天注定，因而不能改變。教人實行仁義、變自利為利他，如同教人學習智壽和美貌一樣是不可能的。於是，他寫道：「性命者，非所學於人也。……以仁義教人，是以智與壽說也，有度之主弗受也。故善毛嬙、西施之美，無益吾面。」（《韓非子‧顯學》）

循著善與惡、公與私兩種不同的思路，儒家、法家對人性進行了不同的解剖和釐定。人性的不同，決定了後天行為和追求的天壤之別。高喊性善的孟子把仁、義、禮、智說成是人不懈的追求目標。人都有惻隱之心，會對他

人產生憐憫、同情之心。沒有惻隱之心，簡直不算是個人。人人皆有仁之萌芽的惻隱之心表明，仁是做人的起碼原則。人都有一種知榮辱的羞惡之心，都以不如別人為恥。在羞恥心的驅動下，人會爭先恐後、自強不息。羞惡之心就是義的端倪，心中有義，表明「義，人路也」（《孟子・告子上》）。義是人為人處世、安身立命遵循的法則。人都有恭敬之心（又稱辭讓之心），為人處世、接人待物都「以禮存心」、「以禮敬人」，在人與人的交往中，能給對方以恭敬和尊重。人都有是非之心，在對不同事物進行裁決和權衡時，能夠分辨善惡美醜、應不應該。

孟子強調「四心」是人性的主要內容，是性善的根本標誌。每一心都是人成為人的必要條件，人生的價值就是踐履仁、義、禮、智之善。他斷言：「無惻隱之心，非人也；無羞惡之心，非人也；無辭讓之心，非人也；無是非之心，非人也。」（《孟子・公孫丑上》）循著這個邏輯，既然人性天然自美、無所欠缺，那麼，只要保持先天固有的善之本性而不喪失，便可以人格完美、社會安寧、天下太平了。何必還要用法律加以干涉呢？

主張人性自私自利的韓非把人的一切行動都說成是對利益的追逐。他申明：「利之所在，民歸之；名之所彰，士死之。」（《韓非子・外儲說左上》）既然人只好名利，道德顯然失去了應有的說服力和吸引力；既然名利為人所好，只能用法術來進行賞罰。

其次，儒家和法家都認識到了人性與國家治理之間的必然聯繫。

孟子直接論證了性善說與治國方略──仁政之間的關係。他斷言：「人皆有不忍人之心。先王有不忍人之心，斯有不忍人之政矣。」（《孟子・公孫丑上》）這就是說，仁政──治國的正確途徑是不忍人之心──善良本性的必然結果：從仁政的產生來看，先王有不忍人之心，不忍心用殘酷的法律桎梏萬民，只能採取禮樂教化的道德手段來治國平天下。這表明，先王的不忍人之心發之於外，便有了不忍人之政──仁政；從仁政的實施來看，因為人人皆有仁、義、禮、智之善根，都有聞一善言、觀一善行而莫之能禦的趨善本能，所以才使禮樂教化、德治仁政成為可能。可見，性善論為仁政的確立提供了人性哲學方面的辯護。

韓非同樣在人性中找到了法治的依據。按著他的說法，作為宇宙本原的道「無狀之狀，無物之象」（《韓非子・解老》），是一種無任何規定性的存在。道虛靜無為，所以能放任自然而無所不為。人要圖謀遠慮、功成名就，必須

效法道的虛靜無爲。君主治理國家更是這樣。具體地說，君主無爲而治的最好辦法就是擺脫喜惡之心，眞正做到無喜無惡、任其自然，因循人性之本然。他宣稱：「凡治天下，必因人情。」（《韓非子‧八經》）因爲人性自私自利、好利惡害，道德的說服教育顯得空洞虛僞、無能爲力。法術之賞迎合了人的好利本性、罰則針對人的惡害本性，是整治群臣的有效手段。

可見，儒家和法家都到人性之中尋找治國的理論依據和合法證明，或者說都從人的本然狀態、人性出發尋找治理方法和對策。儘管在人性是什麼的回答上觀點截然不同，然而，兩家在人性中尋找治人的初衷和思路卻驚人的一致。不同的本性和行動目的注定了不同的行爲準則和管理對策，儒法不同的治國之道取決於各自的人性主張：對於天性本善、追求仁義禮智的循規蹈矩者，說教勸導足以使之對善驅之若鶩──見善思齊、從善如流完全出於本能，是發自內心、自然而然的；對於見利忘義、圖謀不軌的亡命犯上者，只有利誘、威鎭才能使之規規矩矩──說教、勸導常常達不到目的，不如法術來得簡捷明快。進而言之，就人性論爲政治路線和治國方案提供立論根基而言，性善說論證了德治仁政的可能性，人性自私自利論伸張了法治的必要性和迫切性。從這個角度看，儒家、法家的全部政治主張和治國策略都是在人性論的基礎上展開的，彼此的理論分歧也導源於對人性的不同審視。正是基於對人性的不同揭示，儒家與法家毅然決然地踏上了兩條涇渭分明的德治與法治之途。如果從雙方對人性的不同透視出發來理解其不同的政治主張，二者的對立隨即變得可以理解甚至在意料之中了。

再次，儒家、法家的政治哲學都充滿人文情愫和人本關懷。

人不僅是社會存在的前提和發展的動力，更是其目的和價値本身。因此，無論何種統治方案都應是具體的，是基於人、通過人、爲了人而展開的。這就要求其必須符合人的存在、人的需要、人的價値、人的本性和人的全面發展。在這方面，儒家和法家從人出發、以人的本性爲根基的思維理路具有啓迪意義。這是儒家、法家政治哲學的優點，也是先秦各家政治主張的共同之處。例如，身爲道家的莊子主張無爲而治，是因爲他斷言人性素樸爲美，任何刻意的修飾都是對天然之美的破壞，是一種傷生損性害命的行爲──道德與法律當然也不例外，因此才有「殉仁義」之說。同樣，墨家主張兼愛、非攻，是因爲人性染之蒼則蒼，染之黃則黃。既然人皆有所染，愛人者人必從而愛之，利人者人必從而利之，賊人者人必從而賊之，那麼，良性與惡性循

環的強烈對比注定了不言自明的結論。可以作為例證的還有荀子。荀子之所以主張禮法並重，是因為他宣稱人性惡，聲稱人生來就有各種欲望，如果不加以節制和引導勢必危害社會，這為法律的強制和嚴懲提供了發揮作用的空間。與此同時，他堅信「塗之人可以為禹」，通過後天的學習積善、化性起偽可以改善人性中惡的萌芽而成為聖人，這無疑又為道德的介入修築了一條綠色通道。

歷史經驗證明，只有從人出發、從人的本性中尋求治國理民之術才能使政治主張奠基於堅實的現實土壤而落到實處；離開具體人的政治主張則是一廂情願的主觀玄想，不僅喪失立論根基，而且難以收到良好的效果。其實，人的存在和人的本性不僅決定著採取道德或法律何種手段進行治理的問題，而且是對道德或法律條文進行何種定位的先決條件。離開了人的存在、人的需要、人的價值和人的全面發展，法治與德治都難免空談之嫌，在貫徹落實中難以收到預期效果。在這方面，儒家、法家的做法值得深思和借鑒。這表明，政治哲學應該始終凝聚著人文情愫，洋溢著人文關懷。

當然，儒家和法家到人性之中尋找統治方略的做法也有不容忽視的致命缺陷。

以人性為根基並非宣導人治，因人而治與人治是兩個完全不同的概念。問題恰恰是，先秦哲學往往混淆兩者的區別，在因人而治時推崇人治。於是，人們看到，無論是法先王還是法後王，各家都堅持自上而下的統治路線，歷史和政治領域的聖賢情結便突出地流露了這一思想傾向。例如，儒家把天下太平的希望託付給統治者的表率作用，由此導致渴望賢王明君的出現。有了堯舜禹湯文武周公，便有了唐虞盛世和三代之興；有了桀紂幽厲，夏商之亡在所難免。人存政舉，人亡政息。國家的命運乃至天下的發展趨勢完全繫於一人。法家慫恿君主以深藏不露之術制服群臣，使統治術最終演義為君主的權術，君主成為法的化身。由此看來，無論法先王還是法後王，其實都是以王（國君、天子或統治者）為法，這與封建社會的君主專制一拍即合，是滋生君主集中制、家長制、一言堂的政治和學術土壤。這些都窒息了古代政治哲學的人文關懷。

作為內與外、寬與緊、溫與猛兩種不同手段和方式，德治與法治在階級社會不可或缺、相輔相成。儘管如此，儒家與法家所講的道德和法術都存在僭越現象。儒家的德治依憑統治者自身帶頭作用的後果是一言堂、家長制，

於是，尊貴長者成爲法律；法家奉法而治理、讓一切領域和方面都付諸法律，使法成爲唯一的解決辦法和調節手段。在道德與法律的相互僭越中，道德和法律從工具變成目標本身。與此相對應，人的價值被貶損、甚至淪爲工具。至此，政治哲學的人文關懷完全喪失殆盡。

第二十四章　墨子與韓非思想比較

　　墨子與韓非，一個屬於墨家，一個屬於法家。或許是因爲兩人分屬於不同的學術派別，後人往往只留意兩者思想的迥異懸隔之處而漠視或迴避彼此思想的相通、相同之處。其實，通過對墨子與韓非思想的比較則不難看到，兩人的某些具體主張表面上看相互牴觸乃至猶如冰炭，深入追究下去便會發現其中的異曲同工。墨子與韓非思想的這種奇妙態勢和相互關係，用中國哲學的話語結構來表達便是殊途而同歸。正如墨子與韓非思想的關係代表了墨家與法家的關係一樣，透過兩人思想的異同可以直觀感受墨家與法家思想的微妙關係。

第一節　不同的哲學依託和實踐根基

　　早在秦漢時期，墨子與韓非就被歸結爲不同的學術派別，一爲墨家的創始人，一爲法家的集大成者。時至今日，學界依然習慣於把墨子與韓非哲學歸屬爲不同的哲學陣營：前者宣揚「天志」、屬於客觀唯心論——即使是無神論也披著泛神論的外衣；後者是戰鬥的無神論，始終堅持唯物主義的陣地。這些評價和做法有其合理性，至少突出了一個事實，那就是：墨子與韓非的思想帶有不可否認的差異性。墨子與韓非思想的差異性是客觀存在的，也是認識和評價兩人思想時最先必須肯定的。

一、意志之天與無爲之道

　　在哲學領域，墨子與韓非的思想都頗具先秦特色，彼此之間涇渭分明。眾所周知，先秦時期百家爭鳴，在對世界萬物本原的回答上形成了兩種聲音：

一是天，一是道。墨子與韓非哲學恰恰就分屬於這兩大陣營：墨子明天志，屬於天本論；韓非闡道德，屬於道本論。於是，兩人的學術分野就此拉開。

墨子認為，天是宇宙間的最高權威，能創造一切、主宰一切。自然界的一切變化都是天的造作，人類社會的長幼尊卑乃至建國立都、設置正長也是天的安排。不僅如此，天有意志和好惡，上天對自然界和人類社會的創造體現了自己的意志和好惡。天通過鬼神來監察人之行為，進而作出賞罰。具體地說，人為天之所惡，天便罰之；人為天之所欲，天便賞之。基於上天的意志好惡和無所不在的威力，墨子把天稱為「上帝」，意為「高高在上的主宰」。從天統轄整個自然界和時時俯瞰人類社會的認識出發，墨子喋喋不休地教導人「法天」、上同於天——不僅要時時處處通過祭祀鬼神與天溝通，而且在行動中體現天的意志。至此可見，墨子建構的哲學是一種帶有神學色彩的宇宙圖景。

韓非是從有別於墨子的思路來探究宇宙本原的，並最終找到了道。於是，韓非不止一次地宣稱：

> 道者，萬物之始也。（《韓非子·主道》）

> 道者，萬物之所以成也。（《韓非子·解老》）

在韓非看來，道是宇宙萬有的本原和存在依據，萬物之所以存在、變化都是道的作用和功能。有鑑於此，韓非聲稱：「萬物得之（指宇宙本原——道道、下同——引者注）以死，得之以生；萬事得之以敗，得之以成。」（《韓非子·解老》）具體地說，道成為萬物之本始，除了道永恆無極，在時空上無邊無際、無所不在之外，關鍵在於道是「無狀之狀，無物之象」（《韓非子·解老》）的存在。正因為道無形無象、無聲無狀，所以虛靜淡泊、無事無為；正因為道沒有任何規定性或欲望造作，所以自在自然、無為而無不為。按照韓非的說法，作為萬物萬事的總根源，道廣大而無邊，宇宙萬殊是由於或多或少地得到道的一部分而產生的。這用韓非本人的話說便是：「夫道者，弘大而無形，……至於群生，斟酌用之，萬物皆盛。」（《韓非子·揚權》）進而言之，萬物都稟道而來，所得到的那一部分道便是德。韓非斷言：「德者，得身也。」（《韓非子·揚權》）作為萬物存在的內在依據，德所表現出來的種種特徵和規定性如方圓、輕重、大小、黑白或堅脆等便是理。至此，韓非建構了以道、德、理為基本框架的哲學體系，這套哲學具有鮮明的自然主義傾向。

墨子與韓非哲學的差異不僅表現在本體建構上，而且表現為基於不同的本體哲學建構而來的不同的實踐哲學上。

二、法天、兼愛、非攻與體道、緣理、法治

對於中國哲學而言，哲學的建構是爲了給人搭建安身立命的平臺。對於這一點，無論墨子還是韓非的哲學都概莫能外。具體地說，墨子、韓非對世界本原的界定是爲兩人的實踐哲學和人生追求服務的，一本天、一本道的哲學建構的差別表現在實踐哲學上便是一個在法天、兼愛、非攻的宣導中流露出溫和仁愛之風情，一個在對「體道」、「緣理」、法治的呼籲中展示出猛威戾恨之雄骨。

墨子認爲，上天具有「行廣而無私」、「施厚而不德」和「明久而不衰」等美德，是宇宙間最智、最貴的存在。因此，人的行爲「莫若法天」。既然以天爲法，那麼，人的行動和作爲就應該考慮上天的喜怒好惡，必須做到天所欲者爲之，天所不欲者止之。對此，墨子提出了這樣的具體要求：「我有天志，譬若輪人之有規，匠人之有矩。輪匠執其規矩，以度天下之方圓。曰：『中者是也，不中者非也。』」（《墨子‧天志上》）

接下來的問題是，既然人的行爲必須以「天志」爲規矩，那麼，人就必須先明白天有何志，即天之所欲與不欲。那麼，天之所欲、天所不欲又是什麼？墨子的回答是：「天必欲人之相愛相利，而不欲人之相惡相賊也。」（《墨子‧法儀》）他解釋說，天下之諸侯不論大國小國，都是天之城邑；人不論長幼尊卑貴賤，都是天之臣民。天對國、人「兼而有之，兼而食之」，目的就是讓國與國、人與人「兼相愛，交相利」。從「兼愛」出發，墨子主張「非攻」，反對攻人之國、攻人之身，試圖「兼以易別」。「兼愛」的基本含義就是大家不分等級、門第和身份地相親相愛、相協相幫，進而反對攻伐、欺詐和廝殺，最終臻於「有力相營，有道相教，有財相分」（《墨子‧天志中》）的理想境界，在一片兼愛互利中共建一個愛的伊甸園。此外，墨子認爲，天欲人「尚賢」、「尚同」。於是，不分門弟推舉賢人和上同於天也成爲人的行爲原則和法天的具體內容。

基於道、德、理的哲學建構，韓非提出了「體道」、「緣理」和「積德」的行爲原則。在他看來，道虛靜無爲，故而能包羅萬象、囊括萬理；人要深謀遠慮、功成名就，必須體現和效法道，實行虛靜無爲。與「體道」一樣，「積德」和「緣理」要求人虛心保持客觀的態度，不受意念的牽制和主觀的干擾，以此尊重萬物的本性，並積累自身的精氣。韓非進而指出，「體道」、「積德」、「緣理」和虛靜無爲的行爲原則體現在社會政治領域就是君主應該「循天順

人」，因時制宜地推行法術，以法術爲尺度進行賞罰。對於一般人來說，君主「喜之，則多事；惡之，則生怨。故去喜去惡，虛心以爲道舍。」（《韓非子‧揚權》）這要求君主治理國家必須清靜淡泊，不存喜怒飾僞之心。那麼，君主如何擺脫喜惡之心，眞正做到任其自然呢？韓非的回答是依法而治，循名責實核功，奉法賞罰。這樣一來，賞非出於所喜，罰非出於所怨，一切「緣理」而爲。韓非強調，國君只有這樣，才能事半而功倍，衣垂而天下治。

與此同時，韓非強調，無論「體道」還是「緣理」都要求國君因人情而治天下。那麼，人性的本來狀態又如何呢？韓非與所有法家人物一樣認爲人是自利自爲的，並且提出了一套較爲完備的人性自私自利論。他認爲，人皆好利惡害，好利而惡害是人的本性。正是在這個意義上，韓非一再斷言：

> 好利惡害，人之所有也；喜利畏罪，人莫不然。（《韓非子‧難二》）

> 夫安利者就之，危害者去之，此人之情也。……人焉能去安利之道而就危害之處哉？（《韓非子‧姦劫弒臣》）

從人皆好利出發，韓非進而斷言人是自私自利的，人的一切社會關係上至君臣父子、下至普通路人無非利益關係，無不表現出人的自私利己性。更有甚者，韓非強調，人自私自利的本性先天注定，無法改變。引導人實行仁義，變自私自利爲利他，就如同教人學習智壽和美貌一樣是根本不可能的。他宣稱：「性命者，非所學於人也。……以仁義教人，是以智與壽說也，有度之主弗受也。故善毛嬙、西施之美，無益吾面。」（《韓非子‧顯學》）按照韓非的說法，道德面對人的這種本性無能爲力，只能用法律手段嚴加懲處。可見，韓非的這套人性理論爲他的法治思想提供了理論依據。

春秋戰國之時，群雄逐鹿、狼煙四起。是以愛來平息戰爭、呼籲和平，還是乘勢而上、在耕戰之事中建立自身的霸權地位？各家的主張見仁見智，聚訟紛紜。如果說墨子選擇了前者的話，那麼，韓非代表的法家則選擇了後者。

愛與和平的呼聲是學術界的主旋律，也是墨家與儒家的共識。儒家主張德治仁政，以愛來處理國與國、人與人之間的關係。孔子倫理思想的核心是仁，仁的基本內涵是愛人。孟子堅信：「老吾老，以及人之老；幼吾幼，以及人之幼。天下可運於掌。」（《孟子‧梁惠王上》）墨子也採取了溫和、仁愛的治世之方，他呼籲的「兼愛」就是設身處地地爲別人著想，把別人之國、之

家、之身視如自己的，從而達到最真誠、最切實的愛人目的。從心理上說，墨子強調，「兼愛」就是「視人之國若視其國，視人之家若視其家，視人之身若視其身」（《墨子・兼愛中》）。儒家的仁者愛人、德治仁政和墨家的「兼愛」、「非攻」流露出人類善良、樸實、熱愛和平的美好情愫，尤其是在戰爭年代，這種呼聲更顯迫切和可貴。

與儒家、墨家對愛的呼喚不同，韓非主張依法而治，論功賞罰：一方面，韓非嚮往的賞罰分明不失為一條現實而果敢的解決途徑，也體現了歷史發展的一種必然趨勢。尤其是與儒家「刑不上大夫，禮不下庶人」的等級尊卑相比，依法賞罰具有法律面前人人平等的味道，給予人的是相同的生存權利和發展機遇。另一方面，韓非的法治思想帶有無法掩飾的殘忍性和冷酷性。例如，韓非以「以刑去刑」和罰一儆百為由，主張輕罪處以酷刑，甚至慫恿君主用殘忍而卑鄙的手段謀害無辜的大臣。更令人齒冷的是，韓非教唆國君隨時誅殺無辜的隱士，僅僅是因為他們「不為君用」。對於這套慘絕人寰的做法，韓非振振有詞地辯解說：「今有馬於此，如驥之狀者，天下之至良也。然而驅之不前，卻之不止，左之不左，右之不右，則臧獲雖賤，不託其足。臧獲之所願託其足於驥者，以驥之可以追利辟害也。今不為人用，臧獲雖賤，不託其足焉。己自謂以為世之賢士而不為主用，行極賢而不用於君，此非明主之所臣也，亦驥之不可左右矣，是以誅之。」（《韓非子・外儲說右上》）韓非提出的這種草菅人命的做法充分暴露了法治思想的殘酷性，也從一個側面反映了韓非代表的法家無視個體生命價值的嗜血本性。

三、法先王與法後王

熟悉中國哲學的人都對孔子思慕先賢、夢見周公津津樂道，事實上，膜拜古代聖王並非孔子一個人的特殊渴望，儒家如此，墨家、陰陽家也不例外。正因為如此，復古情結、法先王一直是中國古代歷史哲學的主流。出身於小手工業者的墨子自感人微言輕、形單勢孤，企圖借助先王的權威來宣揚自己的政治主張。以法先王和復古為口號，墨子斷言，天子治理國家要效法夏商周三代的聖王。對此，他寫道：「若昔者三代聖人，足以為法矣。」（《墨子・明鬼下》）出於對古代聖王的頂禮膜拜，墨子真理觀的「三表」法中第一表便是「於何本之？上本之於古者聖王之事」（《墨子・非命上》）。墨子把古代聖王的事蹟奉為判斷是非、識別善惡的標準，是為了強調人在認識和行動上與

古代聖王的事蹟相符合。正如墨子呼籲「非命」的理由之一是在古代聖王的事蹟中沒有關於命的記載一樣，墨子宣導「天志」、「明鬼」是因爲古代聖王有祭祀天鬼的事蹟。

韓非認爲，古今的社會狀況存在著巨大差異：古代資源多、人口少，男人不耕種，草木之實足可以食飽；女人不編織，禽獸之皮足可以衣暖。到了如今，人有 5 子不爲多，每個兒子又有 5 個兒子。這樣一來，爺爺還健在，就有了 25 個孫子。人口越來越多，致使貨財匱乏，由此引起紛爭。韓非進而指出，時代變了，古今的社會狀況發生了許多變化。既然時代和環境變化了，事情隨之發生了變化，那麼，治國的辦法也應該做出相應的改變。由此，韓非斷然否定了法先王的可能性，呼籲惟後王是法。在此基礎上，他強調，聖王明君不循古道、不守定則，而是審時度勢、因時制宜。更爲重要的是，一國之君只有這樣法後王，才能國富民強，建立霸主功業。相反，如果國君墨守成規、一味循古，最終只能落個亡國的下場。韓非用講故事的方式闡明了自己法後王的主張，《韓非子》中的許多寓言如「守株待兔」、「鄭人買履」等都形象地說明了這個道理。

值得一提的是，儒家與墨家都主張法先王，思想內涵和具體做法並不完全相同。儘管如此，在對待先王的態度上，儒家和墨家一起站在了韓非的對立面。誠然，法先王往往容易帶來不思進取、保守懦弱之流弊，問題的關鍵是，如果一味地法後王，弊端也不可不察。例如，韓非就從法後王的認識出發，勸導君主棄絕一切傳統文化，做到「無書簡之文，以法爲教；無先王之語，以吏爲師」（《韓非子·五蠹》）。果眞如此，法從何來？吏何爲師？其實，作爲人類延續的過去和現在兩個不同時代的精神導師，先王與後王各有千秋、缺一不可。正如離開了先王而只法後王，一切文化都要從頭開始而延誤了人類的歷史進程一樣，離開了後王而只法先王，人類將永遠依偎在先王的護翼之下，難以擺脫幼稚、走向成熟。對待先王與後王的態度問題，具體到哲學史、文化史中就是傳統與創新的關係問題。在這個問題上，客觀的態度應該是尊重傳統，勇於創新——先王要效法，後王也要效法。而恰恰在這個問題上，墨子與韓非做了各不相同甚至是截然相反的回答。正因爲兩人各執一端，兩家的主張最終都難免走向極端。

分析至此可以發現，墨子與韓非的哲學存在巨大差異，這些差異體現於本體哲學、實踐哲學和歷史哲學等諸多領域，共同展示了墨家與法家的理論

特色和學術分歧。無論墨子與韓非的個人際遇還是墨家與法家不同的歷史命運都源於此。墨家思想早在先秦就成爲「顯學」，法家則一直被統治者陽抑陰爲；墨子被後世奉爲博愛大師、和平大使，韓非卻背負罵名、身遭慘禍。墨子與韓非懸殊的個人際遇以及墨家與法家的歷史命運都可以在兩人思想的差異中得到解釋和說明。

第二節　價值取向和功利主旨

上述內容顯示，墨子與韓非哲學呈現出種種對立和差異。深入分析可以看到，兩人思想的差異在某種程度上只限於達到目的的手段和方式，背後隱藏的思想主旨和價值訴求則是一致的。這一點通過墨子、韓非與當時各派思想的比較可以看得更加清楚、明白。換言之，墨子與韓非哲學的不同可以在更高的層面——本質和目的中得到解釋。有鑑於此，兩人的哲學經歷了殊途的分離之後，駛向了目標的同歸。具體地說，墨子和韓非思想的同歸之處可以概括爲三個方面：尚力非命的人爲進取、注重經驗的實證原則和追逐功利的價值主旨。

一、尚力非命的人爲進取

在本體哲學領域，墨子與韓非一個仰慕天，一個傾心道，貌似對立。在這個大背景下，人如何安身立命？人如何實現自身的價值？墨子與韓非所見略同——以人補天、積極作爲。具體地說，墨子與韓非都重人道，不是把主要精力投入到乞求上天的庇護和恩賜，而是憑藉自己的力量改變貧富貴賤等社會地位和強弱興衰等社會狀況，從而實現人之價值。

墨子一面高呼「天志」、「明鬼」，一面竭力吶喊「非命」。這似乎是不可思議的。按照通常理解，所謂的命即是上天之命。沿著這個思路，墨子既然肯定天有意，必然賦人以命，何以又講「非命」呢？在墨子那裡，這一切都可以得到合理解決：天有意志一面表明天有「兼愛」「非攻」「尚賢」之欲望，一面表明天會對人的行爲作出裁決，並通過鬼神實行賞罰。儘管如此，天對人實施賞罰不是隨意性的，至於賞誰罰誰取決於人的行爲——爲天所欲者得賞，爲天所不欲者遭罰。從這個意義上說，先天的、與人之行爲無關的命是不存在的。墨子所非的正是這種命。「非命」之命，不是來自上帝——天

的命令，而是特指早期儒家宣揚的在冥冥之中主宰人之命運的異己力量。這種觀點認為，人之生死貴賤皆命中注定，得到獎賜並非賢德而是命中該獎，遭到懲罰並非殘暴而是命中該誅，一切都是命該如此。對此，墨子反駁說：「世未易，民未渝，其在湯、武則治，其在桀、紂則亂。安危治亂在上之發政也，則豈可謂有命哉？」（《墨子・非命中》）按照他的說法，人的命運都與他的行為直接相關，是其行為的必然結果。例如，王公大人聽獄治政，勤必治，惰必亂；勤必寧，惰必危。卿大夫輔佐天子，勤必貴，不勤必賤；勤必榮，不勤必辱。根據這個原則，墨子告誡人要尚力、進取，通過「兼愛」「非攻」「尚同」「尚賢」為天之所欲。這個途徑表面上看是得天賞，實質上則是用自己的氣力和才華在法天的大背景下盡情塗抹，勾勒自己亮麗的人生。與此同時尚須看到，墨子的尚力、非命與他的人性哲學一脈相承。墨子雖然沒有提出具體而系統的人性理論，但是，透過他面對染絲的感歎可以推斷，墨子把人性歸結為後天環境和教化的影響。邏輯很簡單，既然墨子肯定國和士染之蒼則蒼，染之黃則黃，那麼，他必然反對既定的天命。事實上，墨子通過「非命」在讓人擺脫先天宿命的同時，崇尚後天的努力。

韓非呼籲人「體道」而虛靜無為，本身就是一條有為路線。這是因為，虛靜無為並非消極坐待，也非無所事事，而是「緣理」而為。不僅如此，韓非把這套行為原則貫徹到人生哲學和政治哲學領域，進而提出了相互競爭、爭於氣力的處世原則。按照他的說法，古代人民少而物產多，生存較容易。在這種情況下，人君推行仁義可以治國，實行謙讓可以存活。到了當今，生活資料的匱乏必然引起紛爭，實行仁義不行了，不競爭就不能生存。當今就是一個「爭於氣力」的時代。與此同時，依據人性自私自利論，韓非認定人與人之間的關係就是一種爾虞我詐、勾心鬥角的競爭關係、廝殺關係和戰爭關係。人與人之間的這種你死我活的利害衝突決定了人只有進行競爭、以力相爭才能獲得生存的機會；否則，一再退讓、謙遜勢必被他人所吞噬。不僅如此，為了更好地競於氣力，韓非為君主提出了法、術、勢相結合的競爭原則和統治權術，以便輔佐君主在群雄互競中建立霸主地位。他指出，人物競爭除了靠自己的力量，還要依靠「勢」。例如，飛龍可以乘雲，騰蛇可以遊霧。如果雲霧退掉，失其所乘，龍蛇與蚓蟻沒有什麼區別。堯儘管賢德，若為匹夫，不能治三人；桀儘管昏庸，由於處在君位上，能使天下混亂。這些都是勢位而不是智賢在起作用。同樣的道理，虎豹如果不用爪子，必與小家鼠之

類的小動物同威；萬金之家如果不用其富厚，必與守門人之類的下賤人同資。對此，韓非進一步解釋說，在位的君主如果不用自己的權勢給人以利害，自己的威信和君主的位置就難以保全。於是，韓非得出了這樣的結論：「人主之大物，非法則術也。」(《韓非子‧難三》) 這旨在向人昭示，要利用一切有效的手段、條件和優勢參與競爭。人只有利用自己的優勢、發揮自己的特長積極投入到競爭、進取之中，才能立於不敗之地。

　　天人關係以及由此衍生的力命觀是先秦哲學的聚焦點，也是引發各家爭端的發源地。在天人觀、力命觀上，道家崇尚自然無為。莊子更是在「無以人滅天，無以故滅命」的口號下讓人順應道的造化，即「知其不可而安之若命」。孔子相信「死生有命，富貴在天」，進而在「畏天命」中讓人接受上天隨機的既定安排。孟子在天命中加入了民意的內容，雖然聲稱「天時不如地利，地利不如人和」，但是，他的真實意圖無非是喚起人的道德責任感，從完善自身道德的角度「參天地之化育」，而絕非改變或重寫先天既定之命。由此可見，儘管崇奉的世界本原不同，然而，老子、莊子代表的道家與孔子、孟子代表的儒家都在對待力命的關係上偏袒命而漠視力、重視先天而漠視後天。由此反觀墨子和韓非對力的推崇可以看到，兩人對後天因素和人為努力的重視顯示了與其他各家的區別，也拉近了彼此之間的距離。

　　就墨子、韓非對力命觀的認識來說，一方面，人活著就要靠自己，這給人一種自信心和奮進力。另一方面，人活著就要競爭，這又使人心中充塞著危機感和緊迫感。或許正是上進心與危機感的雙重作用，墨子和韓非在人生的旅途上孜孜不倦、自強不息。墨子出身卑微而不自暴自棄，韓非懷才不遇而不心灰意冷。這或許正是人類精神的閃光所在。

二、注重經驗的實證原則

　　一個人的真理觀影響著他的價值取向，甚至直接決定著他的人生追求。在天道與人道的關係上，墨子與韓非都不再奢盼天的恩賜而主張在天道的既定條件下積極進取。這本身就是一種現實的處世態度和行為原則。

　　首先，重人道的現實原則決定了墨子、韓非思想注重經驗的實證傾向，推崇經驗實證、注重實際效果的做法反過來又貫徹了重人道的現實原則。

　　在真理觀上，墨子斷言：「言必有三表。」(《墨子‧非命上》) 這便是著名的「三表」法。「三表」分別從言的本、原和用三個角度來判斷認識和行為

的正確與否，其中，本之表體現了法先王的思想，用之表體現了功利原則，原之表則反映了注重經驗的實證原則。對於原之表，墨子解釋說：「於何原之？下原察百姓耳目之實。」（《墨子·非命上》）在這裡，墨子明確把符合百姓日常生活中耳聞目見的實際經驗作為真理的標準之一，既體現了墨子對普通百姓的尊重，又反映了他對耳目等感覺經驗的重視和肯定。從這個意義上說，墨子的真理觀帶有鮮明的經驗主義傾向，恪守實證原則。在他看來，正如判斷義與不義應該「志功為辯」、從主觀動機與客觀效果兩個方面來考察一樣，認識的真理性也應該在實際效果中得到證明。

韓非提出了參驗的真理觀，體現了經驗實證的原則。參驗全稱參伍之驗，即將各方面的情況分類梳理、進行比較，藉此找出反映事實真相的依據，從中作出分析和裁判，最終獲取正確認識。在檢驗認識的過程中，韓非依照經驗原則，推崇實際效果。他以論劍和相馬為例解釋說，如果只看鑄劍所用的銅與錫的比例多少和顏色的青黃，即使是鑄劍的專家——歐冶也不能斷定劍的好壞；如果在水上用劍來斬鵠雁，陸上用劍來斬駒馬，就連奴婢也不會懷疑劍是鋒利還是遲鈍。如果只是掰開馬口看看牙齒，端詳馬的外貌，就連著名的相馬專家——伯樂也不能斷定其優劣；如果讓馬套上拉車看它跑到終點，就連皂隸也不會懷疑馬究竟是好還是壞。

至此可見，墨子與韓非在真理觀上基本遵循了同一條注重經驗、看中效果的實證路線。

其次，墨子與韓非在以實際效果來檢驗認識時表現出某種差別。

墨子注重效果，卻並不把效果視為唯一的判斷標準，而是強調效果與動機的統一。可以作為證據的是，有一次，魯君向墨子請教了這樣一個問題：我有兩個兒子，一個好學，一個好分人財。您認為哪一個做太子合適？墨子答曰，這還不能判定。因為有人做事是為了得到獎賞和名譽，正如釣魚者畢恭畢敬是為了使魚上鉤、捕鼠者餵鼠蟲餌並不是出於愛鼠一樣。鑒於這種情況，我還是希望您「合其志功而觀焉」（《墨子·魯問》）。墨子對行為動機的考慮顯示了與韓非思想的差異。更為重要的是，墨子認為，在還沒有造成客觀效果時，義與不義、是與非的界限也是涇渭分明的，因而不可混淆。據《墨子》書中記載：

> 巫馬子謂子墨子曰：「子兼愛天下，未云利也。我不愛天下，未云賊也。功皆未至，子何獨自是而非我哉？」子墨子曰：「今有燎

者於此，一人奉水，將灌之；一人摻火，則益之。功皆未至，子何貴於二人？」巫馬子曰：「我是彼奉水者之意，而非夫摻火者之意。」子墨子曰：「吾亦是吾意，而非子之意也。」（《墨子・耕柱》）

與墨子兼顧動機與效果不同，韓非走向了狹隘的效果論。韓非所追求的實際效果主要指社會功利，具體包括法制和耕戰之事。因此，韓非往往根據當前經濟、政治的實用性來判斷一種技藝或認識的價值，就連與他一起注重實效、追逐功利的墨子也在他的揶揄之列。對此，《韓非子》講述了這樣一則故事：

墨子爲木鳶，三年而成，蜚一日而敗。弟子曰：「先生之巧，至能使木鳶飛。」墨子曰：「吾不如爲車輗者巧也。用咫尺之木，不費一朝之事，而引三十石之任，致遠力多，久於歲數。今我爲鳶，三年成，蜚一日而敗。」惠子聞之曰：「墨子大巧，巧爲輗，拙爲鳶。」
（《韓非子・外儲說左上》）

在韓非看來，墨子製作木鳶不惟不能證明墨子巧奪天工，反而暴露出墨子愚蠢。原因在於，墨子製作木鳶費時費力，卻事倍功半。由於木鳶在經濟方面無實用價值，墨子反而爲拙；造車輪費時費力少而致功大，有實用價值故爲大巧。

除此之外，韓非還從注重實用價值的角度出發，否認精神生活和思想建設，反對人主推崇學問、德行或尊養不耕不戰的學問修行之士。他指出：「博習辯智如孔、墨，孔、墨不耕耨，則國何得焉？修孝寡欲如曾、史，曾、史不戰攻，則國何利焉？」（《韓非子・八說》）更有甚者，爲了鞏固君主的權勢和推行法術，韓非勸諫君主爲了達到目的而不擇手段。這樣一來，他的效果論便走向極端而陷入荒謬。

墨子、韓非注重的經驗往往與感性有關。中國傳統哲學的倫理本位決定了對理性——實踐理性的推崇，儒家尤其如此。老子、莊子推崇的世界本原——道的超言絕象注定了感性經驗對之無能爲力，致使直觀、玄想和頓悟成爲最佳選擇，感性認識則被排斥在正確的認識手段或認識途徑之外。與儒家、道家的思想迥異其趣，墨子和韓非代表的墨家與法家在注重經驗、重視感性方面匯合了。不僅如此，經驗和感性不僅與實證密切相關，而且往往與功利主義一脈相承。墨子和韓非的經驗主義、實證原則在某種程度上隱藏著功利主義的價值旨趣。

三、功利主義的價值旨趣

墨子、韓非著眼於現實的功利去思考問題，這使兩人的思想烙有極深的功利主義痕跡。儘管墨子、韓非的具體主張不盡相同，然而，兩人思想的最終歸宿都是一個「利」字。

墨子義利並舉，把義與利一致化。對於義，他界定說：「義，利也。」(《墨子·經上》)墨子認定義本身就是利，這意味著義與利連為一體。這就是說只有能夠帶來好處的才是義，不能帶來好處或者只能帶來害處的就是不義。墨子所講的利，從廣義上說，包括天之利、鬼之利，也包括百姓人民之利。墨子把「興天下之利，除天下之害」(《墨子·兼愛下》)看作行為的出發點，能否「興天下國家人民鬼神之利」也就成了墨子判斷一切言論和行動的是非標準。在真理觀上，墨子把利寫進真理的標準，斷言「於何用之？廢之以為刑政，觀其中國家百姓人民之利」(《墨子·非命上》)。把是否能給國家百姓帶來好處作為判斷一切認識是否是真理的必要條件表明，在墨子的真理觀中，一種認識儘管邏輯嚴謹，講起來頭頭是道，如果在實際操作中不能帶來功利便不能稱之為真理。

綜觀墨子的思想可以發現，他的一切思想和主張都可以在利中找到印證。換言之，墨子各方面的思想都帶有功利的烙印：第一，在本體哲學領域，利是天之志。墨子斷言「天欲義而惡不義」，以利釋義使利在上天那裡得到了合理辯護。不僅如此，墨子把天人關係說成是利益關係——天欲人為天之所欲，人順天、法天是為了得天之賞，從天那裡得到好處和實惠。如此說來，天與人是利益共同體。從這個意義上說，天只不過是墨子達到功利目的的一種手段和工具而已。第二，墨子大聲疾呼「非命」，主要因為有命論對國家和人民不利，是為了避免有命論導致的不良後果。在他看來，假如人都相信生死吉凶由命注定的話，那麼，便會失去進取的動力，進而給社會和百姓帶來無窮的災難：農夫不勤而俟命，則國必貧、身必饑；婦女不勤而俟命，則國必貧、身必寒……鑒於種種可怕的後果，有命論不可不絕。第三，墨子把人與人之間的關係說成是利益關係，進而用功利的眼光審視、分析一切事物，處理一切關係，解決一切問題。第四，墨子主張的「兼愛」並不是單向的付出，更不是無私的奉獻，因為「兼愛」不是無償的愛。從效果上看，「兼愛」所追求的是交相利。他指出：「愛人者，人必從而愛之；利人者，人必從而利之。」(《墨子·兼愛中》)這樣一來，你投之以桃，我報之以李，在一片相親

相愛的溫情之中，國與國、人與人之間便可以免去戰亂和爭奪，大家一起獲利。與「兼愛」相似的還有「非攻」「尚賢」「尚同」「節葬」「節用」等等。

韓非對功利的追逐與墨子相比有過之而無不及，因為韓非的全部思想都圍繞著功利主義之鴻秘展開。韓非認為，人的本性是追求功利，功利是人的行動準則和奮鬥目標。事實上，他之所以不遺餘力地提倡法制，就是為了迎合人趨利背害的本性。韓非之所以不怕重蹈商鞅、申不害、慎到等法家人物的覆轍而推行法治，就是出於功利的驅使。他寫道：「法者，事最宜者也。」（《韓非子‧問辯》）法具有功利性，能夠帶來好處。韓非弘揚法術，目的和宗旨是為了利，是出於功利主義的考慮。在他看來，實行法治，暫時痛苦卻可以長久得利；實行仁道，苟樂而後患無窮。聖人正是權衡輕重，出於大利的考慮，才選擇了法術來治理國家。這表明，聖人奉法治理國家並非由於殘忍，而是為了長遠利益著想。正是在這個意義上，韓非宣稱：「法所以制事，事所以名功也。法有立而有難，權其難而事成，則立之；權其害而功多，則為之。」（《韓非子‧八說》）不僅如此，韓非認為，法術可以防止犯罪。人依法而行，並非行為高尚，而是出於利的驅使。《韓非子》記載了這樣一則故事：魯國的宰相公儀休愛吃魚，滿國之人都爭先恐後地買魚來進獻，公儀休從不接受。公儀休的弟弟勸諫說，您愛吃魚卻不接受魚，為什麼呢？公儀休回答說：「夫唯嗜魚，故不受也。夫即受魚，必有下人之色；有下人之色，將枉於法；枉於法，則免於相。雖嗜魚，此不必致我魚，我又不能自給魚。既無受魚而不免於相，雖嗜魚，我能長自給魚。」（《韓非子‧外儲說右下》）美味佳餚，非不欲得。面對他人獻魚，公儀休考慮到枉法守法的利弊得失，結果還是為長利而守職，為守職而不受魚。

至此可見，墨子、韓非都有濃鬱的功利主義情結，對功利的追逐是兩人共同的人生理想和價值目標。儘管如此，墨子與韓非的功利訴求存在巨大差異，故而不可同日而語：第一，就利之主體而言，墨子所講的利包括天之利、鬼之利和人之利。因此，他呼籲「上中天之利，而中中鬼之利，而下中人之利」（《墨子‧非攻下》）的「三利，無所不利」。在墨子對人之利的追求中，既有國家、群體之利，又有百姓、人民之利。韓非之利主要是上者、國君之利。第二，就利之內涵而言，墨子追求的利較為廣泛，韓非的功利思想極其狹隘，僅指耕戰之利。第三，就謀利之方而言，墨子主張以兼相愛達到交相利的目的，追逐功利的手段溫和甚至溫馨。韓非為達到功利目的不擇手段，

極端自私自利，不惜以爾虞我詐、草菅人命的手段謀取私利和暴利。

　　儘管如此，墨子、韓非對功利的熱衷有目共睹，尤其在先秦諸子的映襯下格外引人注目。作爲自然屬性與社會屬性的有機體，人同時生活在物質與精神兩個世界中。對於這個問題，追求義一直是中國古代哲學的主導傾向。「君子喻於義，小人喻於利」（《論語‧里仁》）不僅是儒家義利觀的主流，而且代表了大多數古代思想家的價值取向。孔子重義輕利，孟子強調人的行爲在或爲利、或爲善中勢不兩立。老子、莊子代表的道家則把名利說成是損性害生的洪水猛獸加以拒斥。在這個背景下，墨子和韓非對利的奔走呼號便顯得志同道合了。

第三節　墨法思想的異同與先秦諸子百家的劃分

　　通過對墨子與韓非思想的比較可以看出：一方面，墨子與韓非思想具有不同的理論特色，兩人對世界、對人生的看法大相徑庭。另一方面，墨子與韓非的思想具有驚人相似的動機，都謀求功利。這使兩人的人生追求和價值取向越靠越近，最終演繹成殊途同歸。這表明，墨子與韓非哲學既非完全不同、又非完全相同，而是同異參半、相映成趣。

　　墨子與韓非思想的同異是同中之異還是異中之同，同與異的大小多少究竟如何判斷等等問題並不重要，重要的是，墨子與韓非哲學同異的背後是否隱藏著更爲深刻、更爲本質的東西？如果回答是肯定的，那麼，本質的東西是什麼？進而言之，這個共同的本質說明了什麼？如上所述，墨子與韓非一個以具有人格意志欲望的天爲世界依託，一個以無爲無欲無形無象的道作爲宇宙本原，其間的差別昭昭朗朗、一目了然。儘管如此，正如韓非勾勒無爲之道是爲了給現實生活中的人提供一條「體道」、「緣理」的行動原則和安身立命的方法一樣，墨子講「天志」無非是借助天的權威抒發自己的渴望和訴求。換言之，先秦哲學是以天人關係爲維度、以人爲中心建構起來的，關注人的生存方式和人生價值是先秦哲學的共同點。墨子與韓非哲學的同與異從根本上說就是對人之生存和價值的認識的同與異：就異而言，爲人存在的合理性和行爲方式的正當性找到了不同的依託本原——一個是天，一個是道；就同而言，都把目光投射到人的現實社會，企圖在物質生活及功利的滿足中展示人的價值。同與異兩個方面顯示，墨子與韓非哲學的理論旨趣和立言宗

旨是一致的，只不過是實現目的的手段和方法有別而已。

　　推而廣之，先秦時期的諸子百家都是以人爲核心來探討學術、著書立說的。先秦哲學的百家爭鳴就是對人在宇宙中的位置和人與天交往的方式即天人關係之爭。如果要對先秦的爭鳴釐劃一個流派分野的話，那麼，只有從天人關係入手、以對世界萬物本原的回答爲切入點展開才具有哲學意義。那麼，在這一層面上，各個思想家的關係又如何呢？以「先秦七子」——老子、孔子、墨子、孟子、莊子、荀子和韓非爲例，在本體哲學領域，孔子、墨子和孟子都以天爲世界萬物的本原，老子、莊子和韓非以道爲本原；荀子則游離於兩者之外，因爲荀子既講以天爲本，又在「明於天人之分」的名義下強調天與人無涉。在價值哲學領域，老子、莊子追求精神上的自由和解脫，孔子、孟子以道德完善（仁、義、禮、智）爲人生鵠的，墨子、韓非則以功利爲人生圭臬，荀子恰恰介於孔子與墨子之間，試圖義利兼得。在人生哲學領域，老子、莊子主張自然無爲，孔子、孟子、荀子和韓非積極主張有爲，後者有爲的方式卻相去甚遠。大致說來，在入世有爲、自強不息的方式上，孔子、孟子和墨子嚮往尙聖即榜樣的作用（孔子、孟子以聖賢禮樂加以教化，墨子期盼由國君帶動的上行下效），韓非和荀子卻爲法治張目。

　　這張縱橫交錯的關係之網的各項指標揭示，在「先秦七子」中，從整體思想予以審視、考察，有兩對思想家的哲學最爲貼近：其中，最相似的是荀子與韓非，然後是孔子與墨子。荀子與韓非，一個是儒家、一個是法家，兩人思想的契合之處令人吃驚：無論本體哲學領域的唯物主義黨性、認識哲學的感覺經驗、辯證法中的矛盾轉化、人性領域的性惡自私還是政治領域對法治聖王的嚮往，都使人感到彼此思想的相互印證，英雄所見略同。孔子與墨子從力主敬祭上天、到合唱仁愛之歌、再到思慕先王，擁有的是同一個夢，表現出天設地造神使般的和諧。有趣的是，與荀子和韓非一樣，孔子與墨子出自兩個不同的學術派別。

　　上述考察同時顯示，在「先秦七子」中，與思想極爲相似卻分屬於不同學派相反，有兩對思想家被歸爲同一派別之中，彼此的思想卻呈現出原則性差異。這兩對思想家便是被後人合提並稱的老莊和孔孟：第一，就老子與莊子哲學而言，不容否認，莊子的道本論繼承了老子的思想。在這個前提下尙須看到，莊子對道的理解——如道的特徵、道創造宇宙的模式等與老子顯然不同，對人的看法更是與老子相去天壤。顯而易見，無論莊子對人之本質的

界定、齊生死還是交往哲學等都遠非老子的本義。第二，就孔子與孟子思想而言，其間的契合遠遠不及老子和莊子。孔子、孟子雖然都恪守天命論，但是，兩人對於天命的存在態勢以及人與天溝通方式的看法大不相同：孔子主張天隨機而莫測、神秘而不言，人永遠不可捉摸和把握天對人之命定，故而只能戰戰兢兢地「畏天命」。孟子則把天命從遙遠的天國植入人心，斷言天意即是民意，進而在「天時不如地利，地利不如人和」中由天命論走向人命論，並沿著心學的思路用道德追求的完善改寫天命。孟子的盡心、知性、知命和知天更是開創了不同於孔子的致思方向。天命論的貌合神離使孔子、孟子在認識途徑和道德修養方面越離越遠。至此可見，如果說老子、莊子哲學的差異還是在同一哲學陣營之內進行的——都囿於客觀唯心主義的道本論的話，那麼，孔子、孟子哲學的差異則演變爲客觀唯心論與主觀唯心論的不同陣營的對壘。孔子、孟子思想的根本性差異在兩人歷史命運的映襯下體現得更加突出。漢代以前，孔子名聲顯赫，孟子卻一直默默無聞；宋明以後，孟子的地位驟升，孔子在唐代被封爲王之後，宋明再無根本性的突破。到了近代，孟子不惟沒有因爲儒家備受質疑而受到連累，反而得到眾多近代哲學家的追捧。孔子在近代的地位卻一落千丈，在五四新文化運動時期更是成爲眾矢之的。這種鮮明對比從一個側面證明了孔子與孟子思想的差別性，因爲正是思想的差別和不同導致了兩人學說在不同時代的不同歷史命運。

分析至此，人們不禁要問：在對先秦諸子百家的劃分中，爲什麼哲學主張相似的人不屬於同一個學術派別？哲學思想不同的人卻屬於同一家？要找到這個問題的答案，關鍵在於弄懂先秦學術是依據什麼標準劃分的。正如後人所談論的孔孟之道除了先秦儒家所講的天命論外，更主要的是指孔子、孟子代表的儒家的治國方略即德治仁政、禮樂教化一樣，對先秦諸子百家的思想是按著不同的政治主張和人生旨趣劃分的。

儘管哲學史與思想史的劃分具有一致性，然而，兩者之間並不是完全重合的。哲學作爲時代精神的精華，與當時的政治運動和思想家個人的政治傾向顯然不無關係。儘管如此，藉此以政治主張爲標準來劃分哲學派別，結果勢必導致由於政治性割裂了哲學的異同分野和沿革脈絡，使哲學史的研究誤入歧途。有鑑於此，哲學史的劃分——無論學派、分期還是人物都應該以哲學而不是政治爲標準。如果以思想史的標準或政治觀點爲標準來劃分哲學史的話，勢必造成兩個不良後果：第一，用政治傾向掩蓋哲學史的本來面目。

第二，造成人物歸屬混亂，出現哲學理念不同的人歸於同一學派、相同主張的人不屬於同一學派的怪事。先秦哲學諸子百家的劃分就是政治標準的產物，這種劃分導致了對哲學家的哲學思想的遮蔽，於是，出現了上面的一幕。

其實，並不限於先秦哲學，對近代哲學的研究和劃分以及人物歸屬也存在這樣的問題。正如研究近代中國哲學史以政治活動和政治主張爲依據，將近代哲學家劃分爲地主階級開明派、資產階級早期維新派、資產階級維新派和資產階級革命派的做法令人難以信服一樣，先秦哲學對儒、墨、道、法等諸子百家的劃分也應確定一個哲學的內在維度和座標來進行。只有這樣還哲學以自身的標準，以哲學的標準來劃分學派和進行人物歸屬，才能還先秦哲學史以本來面貌。

下篇：宏觀透視

第二十五章　先秦本體哲學

　　先秦哲學的基本形態是百家爭鳴，本體哲學領域也是如此。這是一種繁榮的學術景象，更是一種無主流的哲學狀態。在本體哲學領域，就對宇宙本原是什麼的回答而言，諸子百家最終可以歸結爲天本論與道本論兩家。接下來的問題是，作爲中國哲學的原生態，天本論和道本論展示了中國哲學的何種特質？爲什麼道本論沒有像天本論那樣在先秦時期成爲「顯學」？與儒家在先秦同爲「顯學」的墨家爲什麼在秦後沒有像儒家那樣成爲中國傳統哲學的主幹？所有這些問題的謎底都可以在對先秦本體哲學的探究中逐層揭開。

第一節　諸子百家對宇宙本原的寄託

　　諸子百家各不相同的立場觀點和理論特色匯成了先秦哲學的爭鳴繁榮、異彩紛呈。在本體哲學領域，諸子百家對宇宙本原的主要特點、存在方式、與人的關係等根本問題的界定迥異其趣，有些甚至截然相反。

一、天與道

　　先秦哲學對於宇宙本原究竟是什麼的回答只有兩種聲音：一是天，一是道。從這個意義上說——即以宇宙本原爲何的回答爲標準，諸子百家可以劃分爲兩派：一是天本論，一是道本論。

　　儒家和墨家屬於天本論者，孔子、孟子、荀子和墨子都堅定不移地斷言天是宇宙間的最高存在。孔子的「巍巍乎！唯天爲大」、荀子的「天地者，生物之本」與墨子的「天最貴最知」和「天之行廣而無私，其施厚而不德，其明久而不衰，故聖王法之」（《墨子・法儀》）從不同角度立論，結果都頌揚天

的偉大和至尊。

　　道家和法家屬於道本論者，無論是老子、莊子還是韓非都把道視爲宇宙本原。老子的「道生一，一生二，二生三，三生萬物」把宇宙間的一切都歸功於道，莊子則明確地把道稱爲「造化者」或「物物者」，韓非的「道者，萬物之所然也，萬理之所稽也。……道者，萬物之所以成也」（《韓非子·解老》）與老子、莊子一樣把道奉爲派生世界的第一存在。

　　可見，在對宇宙本原的遴選上，先秦哲學只有兩種選擇──非天即道。從這個意義上說，天與道拉開了先秦本體哲學的學術分野，成爲儒墨與道法的學術分水嶺。

二、天道互補

　　天本論與道本論所使用的天與道具有某些互補性和相通性，正如天本論在奉天的同時對道表現出極大的熱忱一樣，道本論者在遵循道的原則上抬高天的地位和作用。

　　首先，天本論者尤其是儒家在崇尚天的同時追求道。孔子對道如饑似渴、孜孜以求，表白「朝聞道，夕死可矣」，而且把「憂道不憂貧」、「謀道不謀食」視爲君子應有的品格。很顯然，道在此是人生的最高意義和價值。孔子及儒家所追求的這個道又稱道義，主要指人道而非天道，實際內容即以仁、義、禮、智爲核心的道德觀念和倫理規範。正是在人道的領域內，孟子把治國平天下之道區分爲王道與霸道兩種形式，指出只有王道才是仁政之舉。荀子更是從各個方面對道加以闡釋，致使道成爲基本的哲學範疇，涵蓋本體、認識、道德和政治等諸多領域。下僅舉其一斑：

> 　　道者，古今之正權也；離道而內自擇，則不知禍福之所託。（《荀子·正名》）

> 　　何謂衡？曰：道。故心不可以不知道。（《荀子·解蔽》）

> 　　故學者，固學爲聖人也。（《荀子·禮論》）

> 　　道也者，何也？曰：禮義辭讓忠信是也。（《荀子·強國》）

> 　　先王之道，仁之隆也，比中而行之。曷謂中？曰：禮義是也。
> 　　道者，非天之道，非地之道，人之所以道也，君子之所道也。（《荀子·儒效》）

　　　　道存則國存，道亡則國亡。(《荀子‧君道》)

　　　　故治之要在於知道。(《荀子‧解蔽》)

　　在荀子看來，道是眞理的標準和人之爲人的正道，聖人成爲聖人就是壹於道的結果。正因爲如此，對於荀子來說，認識是知道，學習是學道，修養是修道，治國在於知道。總之，道貫穿荀子思想的各個領域和方面。

　　其次，與儒家在奉天的前提下對道的渴望相映成趣的是，道本論者尤其是道家對天的推崇和嚮往。在老子那裡，長久的天地是人羨慕的對象，更是傚仿的對象。《老子》云：

　　　　天長地久。天地所以能長久者，以其不自生，故能長久。是以
　　聖人後其身而身先，外其身而身存。(《老子‧第 7 章》)

　　　　天地不仁，以萬物爲芻狗；聖人不仁，以百姓爲芻狗。(《老子‧
　　第 5 章》)

　　在老子的視界中，天是僅次於道的第二範疇。正因爲如此，老子才有「道大，天大」和「人法地，地法天，天法道」(《老子‧第 25 章》) 的說法。

　　作爲道家代表的莊子同樣推崇道，而他所講的道與天的關係更爲密切。具體地說，道有天道與人道之分，只有天道才「無爲而尊」，人道是從屬於天道的。循著這個邏輯，莊子以天道黜人道，推崇天而反對人。道家之道的特點是自然、無爲，自從老子聲稱「道法自然」、「常無爲而無不爲」之後，自然、無爲便成爲道最基本的特徵，乃至成爲道的代名詞。

　　事實上，不惟道家，道法自然、無爲而無不爲是包括韓非代表的法家在內的道本論者的共識，被奉爲共同遵守的第一原理。在道家的視野中，道的自然法則、道生萬物的過程以及道賦予萬物的本性都可以稱爲天——即天然、自然之義。在這個層面上，天與人相對；如果說人指人爲、是對自然本性的破壞的話，那麼，天則指本性、天然狀態。莊子的「無以人滅天，無以故滅命」(《莊子‧秋水》) 就是在這個意義上使用天與人這對範疇的。

　　天與道的互補從本體哲學領域體現了中國哲學的相通性，爲儒、道的互補奠定了思想基礎。與此同時應該看到，天本論與道本論尤其是儒家與道家是在不同甚至相反的意義上使用天、道概念的。例如，天本論之天與人事有關，並且在大多數情況下有意志；道本論之天爲自然、無爲之義，與人的作爲相悖；天本論之道側重人道，指仁、義、禮、智，這在道本論那裡屬於人之範疇，恰好與天及天道相對立；道本論之道側重天道，指無爲、自然之道。

一言以蔽之，天本論之天有道德意蘊，無論儒家還是墨家之天都是如此，儒家甚至將天演繹爲義理之天；道本論之天指天然本性、與仁義禮智之善無關；天本論之道有爲，道本論之道無爲。種種證據表明，天本論與道本論對天和道的理解存在巨大差異，有些甚至截然相反。

天本論與道本論對天、道等範疇的通用、共使造就了中國哲學概念的混亂和範疇的濫用，導致了中國哲學的概念缺乏固定、統一的內涵和外延界定，爲日後的稱謂混亂埋下了禍根。例如，早在先秦時期，儒家即以推崇道德聞名天下，成爲道德主義的旗幟，道家則以反道德——準確地說，是反對儒家提倡的仁義道德的面目出現，法家的集大成者——韓非的本體哲學以道、德、理爲框架，卻也非儒家之道德。這樣一來，儘管儒家、道家和法家對道德的理解迥異——儒家指仁義禮智、道家指保持天然本性、法家指稟得宇宙本原——道而獲得自身的本質規定性，然而，三家卻都在講道德，致使道德一詞歧義叢生。於是，西漢初年出現的黃老哲學被稱爲新道家，宋明理學又被稱爲道學。顯而易見，作爲黃老哲學稱謂的新道家之道指道家，黃老哲學被冠以新道家旨在強調，這一學派崇尚老子、是先秦道家思想在新時期的發展。作爲宋明理學稱謂的道學之道指儒家的聖人之道，基本理論傾向是儒家，因爲恪守仁義道德而得名。黃老哲學與宋明理學之間並無直接的淵源關係或內在聯繫卻都冠之以道的稱謂，由於命名的學術標準不統一，讓尚未深諳中國哲學者摸不清頭腦。這種稱謂的混亂源於道本論者、天本論者對道德不同界定和理解，可以追溯和歸結爲儒、道諸家對道的通用和共有。

第二節　中國古代哲學的思維慣式和天人合一

作爲先秦哲學對宇宙本原的全部解答，天與道流露出先秦哲學共同的思維方式和價值旨趣，並且濃縮了中國哲學一以貫之的獨特意蘊。這一點在與西方哲學的對比中則看得更加清楚、明白。

先秦是中國哲學的起始階段，與西方哲學的古希臘時期大致相當。在古希臘哲學中，作爲世界始基的有水、火、原子和元素等，除了爲數不多的理念、存在爲抽象存在之外，以具體事物居多，並且在數量上是多而不是———在這方面，數和理念也是一樣。這表明，古希臘哲學的始基可感知、可經驗，與自然科學或人的日常經驗息息相關。與此不同，先秦哲學所推崇的世

界本原——天與道是思辨的產物，並非可經驗的具體存在，並且在數量上只有一個。這就是說，在對世界始基或宇宙本原的說明中，西方人認爲世界始基是多個具體存在，中國人認爲是一個抽象存在。中西哲學對世界本原的不同回答引出了相應的後果：西方哲學認爲千變萬化的世間萬物由多個始基凝聚、組合而成，中國人認爲豐富多彩的大千世界從同一個本原中流變而來。這是兩種致思理路，也代表了兩種思維方式和價值取向。進而言之，西方哲學的哲學理念與其自然科學淵源密切相關，體現了天人二分的價值理念；中國哲學的致思方向與其天人合一的思維模式一脈相承，表達了對人與天地萬物爲一體的價值訴求。

先秦哲學的宇宙本原——天與道以及它們之間的共同特徵——抽象而非具體、一個而非多個影響和奠定了中國哲學後續的發展方向，並且框定了中國哲學一以貫之的致思方向。此後，中國哲學在後續沿革中不斷出現新的宇宙本原，如無、玄、一、識、理或心等。可以肯定的是，這些宇宙本原作爲抽象而非具體存在、是一個而非多個的特徵始終沒有變。即使是心也是亙古不變的「同心」，當然在數量上也只有一個。這個心既非每個人具體的內心世界，也不可能有多個。這就是陸九淵強調的「心，只是一個心」和「理乃天下之公理，心乃天下之同心」。用不著深入研究即可發現，中國哲學後續的這些本原與天、道如出一轍，因爲它們彼此之間具有血緣關係——無、玄、一顯然是道的變型，理、心則是天的延伸。

在古希臘哲學的映襯下可以看出，儘管在先秦哲學的兩軍對壘中一方以天爲本原、一方以道爲本原，然而，雙方所推崇的天與道具有本質上的相似性，體現了一致的思維方式和價值取向。正如中國哲學大而化之的宇宙本原奠定並體現了天人合一的思維方式和價值取向一樣，天人合一是天本論和道本論的共同追求。孔子和孟子的天命論本身即是天人合一的一種表達，孟子通過肯定上天賦予人以仁、義、禮、智之「天爵」彰顯儒家以道德完善與天合一的步驟和思路。對於孟子代表的原始儒家來說，人通過盡心—知性—知命—知天而「萬物皆備於我」就是與天合一的過程。墨子斷言天有意志，欲人爲天之所欲、不爲天所不欲，進而在上天之賞罰中突出了人同於天、與天合一的強制性。不僅如此，墨子還根據上天的意志爲人制定了貴義、兼愛、非攻、尚賢、尚同等與天合一的具體步驟和方案。天本論者在天的名義下與天合一，道本論者則循著道的思路籌畫自己的天人合一之方。莊子在把道分

為天道與人道的基礎上，讓人順從天道，以保持天然本性、去除人為的方式與天合一。韓非以道、德、理為框架建構了自己的哲學體系。於是，體道、積德和緣理便成為天人合一的具體模式。

中國古代哲學的主題被歸結為「究天人之際，通古今之變」，天人之際即天人合一。正因為如此，才有了董仲舒「天人之際，合二為一」的說法。在中國古代哲學中，際不僅有分際、分界之義，而且有交際和融合之義。用交際、交融來理解荀子的天人合一思想再合適不過了。荀子宣稱：「明於天人之分，可謂至人矣。」（《荀子・天論》）這個命題表面上看講的是天與人相分，目的卻是強調在明確天與人具有不同特點、功能的前提下，引導人與天合一。在此，分是前提和條件，分的目的和結果是更好地合──既不像孟子那樣一廂情願，也避免重蹈莊子「蔽於天而不知人」之覆轍。其實，在追求天人合一上，天本論如此，道本論也不例外。天人合一是先秦哲學的共識，各家的分歧只是合一的模式、方法和具體步驟。具體地說，天本論者尊天，而道本論者「體道」。儒家認為，人的命運──生死禍福和人生目標由天注定，以道德為天爵，主張「合天德」；道家主張無為是為了保持事物的天性、追求精神上的自由──「天放」；墨家呼籲法天、上同於天，在具體行動中以「天志」為志。總之，各家都試圖通過自我超越以進入本體存在的心靈境界。各家的境界儘管不盡相同，卻都是整體性的，並且都以天人合一為最終目標；只要實現天人合一的境界，就能在有限的人生中實現無限和永恆，即可以從根本上解決「安身立命」的問題。

天本論和道本論共同撐起的天人合一在盡顯中國哲學特色的同時，也為中國人找到了安身立命之所。二者不僅闡明了生的源頭和意義，而且為中國人提供了自由選擇的活法和模式：天本論尤其是儒家孜孜不倦、樂而忘憂，在行仁義於天下和事奉父母之中找到了人生之大樂；道本論尤其是道家在淡泊名利、欲望的同時，寄情於山水之間，逍遙自得、其樂無窮。可以說，是中國哲學獨有的天人合一的理論建構和價值旨趣滿足了人最迫切的情感寄託和精神需要，從而在某種程度上杜絕、減少了自殺現象的發生。最明顯的例子是，西方許多詩人在對現實絕望後採取自戕方式。中國詩人從屈原投江後，在整個古代文學史上絕少傚仿者。有著大隱、中隱和小隱等各種選擇的中國詩人即使是絕望之極，也不過是「投詩贈汨羅」而已。有研究者將中國人絕少自殺的原因僅僅歸結為中國人的意識中沒有來生觀念、今生的失意只能在

今生另覓安慰，這種觀點未免有失偏頗。著名社會學家涂爾幹經過深入研究各種自殺現象發現，自殺有三種類型，即利己自殺、利他自殺和社會混亂引起的自殺。其中，利己自殺率的升高與社會有機體的削弱亦即傳統宗教信仰和家庭意識的淡漠直接相關。依據這一理論，當人們只想到自己，當他們未曾與社會團體合群，當激勵他們的私欲不能被團體的權威或一個嚴格有力的中心提出的強制力量引導到可以與人類命運相一致時，更傾向於輕生。〔註1〕這表明，如果說人在傳統社會中的自殺多半基於社會責任的話，那麼，現代社會發生的自殺現象多半由於缺乏社會責任感。其實，中國古代社會之所以很少有人自殺，原因是多方面的。其中，道家修行的隱居、靈魂的隱退和寄情於山水之間，儒家的忠孝以及身家國一體的道義擔當都為中國人找到了實現自我的不同方式：前者緩解了人與自然、人與內心關係的緊張，儒家的方式則淡化人與人之間的關係緊張。這些都有效地排遣了人的內心孤獨，在使人尋找到歸屬感的同時，增強了生存的意義。於是，不同的人在寄情於自然、忘我於祖先和天下中隱退自己的主體意識，或逍遙並快樂著，或奉獻並快樂著。這便是中國古代快樂哲學大行其道的秘密所在。莊子講與道交往之樂和與人交往之樂，儒家把樂視為教化的內容，孟子的三樂說更是流露出人的快樂之源和人生快樂之方。正因為生是快樂的，所以，齊生死的莊子沒有因為不厭惡死而厭惡生，而是主張尊生、養生和盡天年；「樂而忘憂」的孔子「不知老之將至」，哪裏還會有自殺的念頭！這就是天人合一的快樂哲學所帶來的人生快樂、遠離自殺的神奇功效。

第三節　天論與先秦的「顯學」

　　與古希臘哲學推崇的世界始基相比，先秦哲學推崇的天與道都有大而化之的特點。這表明，西方哲學注重實證，中國哲學注重思辨。儘管如此，這只是問題的一個方面。問題的另一方面是，在中國哲學的系統之內，在承認天與道的相同性的前提下，同樣不能忽視天與道之間的不同特點和屬性。

　　首先，天本論之天有人格神韻，道本論之道多自然氣質。儒家和墨家所講的天各不相同，一個不爭的事實是，二者之天與道相比都帶有某種人格神的味道。不僅如此，儒家和墨家都將人之命運與天聯繫起來，天命論宣揚的

〔註1〕參見雷蒙·阿隆：《社會學主要思潮》華夏出版社2000年版，第225～226頁。

上天對人之命運的先天而神秘的注定以及天人之間千絲萬縷的聯繫更加劇了天的人格特徵。正是在這個意義上，墨子把天稱爲「上帝」──高高在上的統治者。孔子和孟子都恪守天命論，相信上天注定人的吉凶禍福、貧富貴賤。在這裡，天儼然就是命運之神。儘管墨子「非命」，然而，墨子並不否認意志之天對人之命運的主宰。更有甚者，墨子主張「明鬼」，通過鬼神對人作出的賞罰使上天的裁判與基督教的上帝審判之間只是調整了時間──末日改成了每時每刻。可見，儒家和墨家所講的天屬於人格神，相當於西方的 God 或 Heaven；退一步講，即使是孔子的冥冥之天淡化了天的人格神韻，亦不可翻譯爲自然之天──Nature。與天的意志、作爲相比，道本論之道的特點是無爲、虛靜和淡泊。例如，老子不僅強調「道法自然」以及道生萬物的過程是一個「常無爲而無不爲」的過程，而且指出道對萬物「生而不有，爲而不恃，長而不宰」（《老子・第 10 章》）。由於老子始終否認道對萬物的統治或主宰，也就排除了道具有人格特徵的可能性。道的這種非人格特徵爲老子哲學通向唯物主義提供了可能，也正是由於這個原因，有些學者判定老子的道本論是唯物論。韓非以《解老》、《喻老》著稱於世，建構了以道爲核心、道德理三位一體的哲學體系，可以作爲道並非人格之神的佐證。

其次，就與西方哲學的比較而言，天與道都不是具體存在，而是絕對抽象的宇宙本原。從這個意義上說，天本論和道本論同屬客觀唯心論。在中國哲學的視域內，就天與道的相互比較而言，道比天更具思辨色彩和形上意蘊；在某種程度上甚至可以說，天本論之天與道本論之道相比帶有形下屬性。與此相聯繫，在中國傳統文化中，道本論之道更顯哲學本色，側重精英文化和雅文化；天本論之天更多地代表世俗文化和大眾文化。正是天的這種形下色彩和世俗屬性使之在西漢董仲舒那裡被神秘化和極端世俗化，之後更是與讖緯迷信、神仙方術同流合污，完全喪失了哲學的本性。在此，同樣需要提及的是，東漢興起的道教具有世俗文化的色彩，道教所信奉的道與先秦道本論尤其是老子、莊子之道具有明顯的區別。與老子、莊子所講的道相比，道教在把道神秘化的同時，使之形下化和具體化了；於是道在道教中便有了諸如玄、玄道、一、眞一或玄一等諸如此類的稱謂。儘管道教源於先秦道家，然而，二者所講的道卻不可等量齊觀。

天與道的不同特點決定並表明，天本論與道本論是兩種不同的哲學建構形態和樣式。正如二者的相同點凸顯了中國哲學有別於西方哲學的獨特神韻

一樣，其間的不同點對於把握中國哲學同樣具有不容置疑的重要意義和價值。天本論和道本論的同時並存豐富了先秦哲學的樣式，形成了爭鳴的學術局面，並爲後人提供了多種選擇。

上述比較顯示，天與道既有相通、相同之處，又有明顯的差異和不同：就哪一種更具純哲學意味而言，道本論佔優勢——正因爲如此，作爲新儒學的宋明理學不得不吸收道本論的思想要素來夯實、補充自己本體哲學方面的薄弱；就哪一種更接近哲學精神而言，天本論佔優勢——不同於西方哲學崇尚的愛智慧，中國哲學注重爲人安身立命，究其極是人學。這表明，天本論與道本論各具特色，在思想上難分伯仲。從實踐上看，具有屬人特徵的哲學在中國擁有廣闊市場，因爲天與人的存在和命運之間更爲密切的內在關聯注定了天本論無可比擬的巨大優勢。對於這一點，儒家和墨家在先秦成爲「顯學」便是明證。

眾所周知，先秦哲學流派紛呈，號稱「百家」。據西漢末年的劉歆在《七略》中統計共有 189 家，東漢班固的《漢書·藝文志》錄著作「凡諸子百八十九家，四千三百二十四篇」。其實，百家之中，最主要的只有十家，去除登不了大雅之堂的小說家——小說家的原義爲街頭巷尾、難以登堂入室的低淺言論（這在《莊子·外物》和《漢書·藝文志》中均有記載）最後只剩下 9 家，分別是儒家、道家、陰陽家、法家、名家、墨家、縱橫家、雜家和農家。這就是後來的三教九流之九流的由來。九家之中，對後世影響最大的當屬儒家、墨家、道家和法家這「四大天王」。一目了然，在四家之中，既有天本論，也有道本論；二者各占兩家，勢均力敵。如果再進一步對四家優中選優的話，那麼，情形則發生了根本性的變化。因爲笑到最後的只有儒、墨兩家。這意味著天本論絕對勝出，道本論徹底被淘汰。

在先秦，儒家和墨家就已經被冠以「顯學」稱謂——顯赫的學派，並且在號稱百家的眾多學派中，「顯學」僅此兩家——一爲儒，一爲墨。在當時，無論儒家還是墨家都形成了聲勢浩大的學術團體，並產生了廣泛的社會影響。孔子桃李滿天下，三千弟子遍布各個諸侯國。孔子、孟子和荀子都曾經周遊列國，推廣自己的政治主張和儒學思想。儘管三人並沒有施展自己的政治抱負，然而，孔子、孟子和荀子對於儒家的名聲遠播無疑具有積極作用。尤其是荀子一度被推舉爲當時學術中心——稷下學宮的「祭酒」，荀子成爲學術領袖在某種程度上發揮了以儒家兼統百家之效。法家人物韓非和李斯同學

於荀子門下使這一論點增加了可信度。墨子創立的墨家學派不僅擁有自己獨樹一幟的理論體系，而且具有紀律嚴明的學術組織。這個團體的首領稱爲「鉅子」（有時又寫作「巨子」），成員稱爲「墨者」。墨家團體內的成員統一著裝，遵循嚴密的規定，有些類似宗教團體。對於墨學在先秦的勢力和影響，時人多有記載。例如，孟子形容當時理論界的情形是：「楊朱、墨翟之言盈天下。天下之言，不歸楊，則歸墨。」（《孟子·滕文公下》）

　　無獨有偶，對於儒學與墨學在先秦時期的狀況，韓非最先冠以「顯學」之名，並進行了如下描述：

　　　世之顯學，儒、墨也。儒之所至，孔丘也。墨之所至，墨翟也。
　　自孔子之死也，有子張之儒，有子思之儒，有顏氏之儒，有孟氏之
　　儒，有漆雕氏之儒，有仲良氏之儒，有孫氏之儒，有樂正氏之儒。
　　自墨子之死也，有相里氏之墨，有相夫氏之墨，有鄧陵氏之墨。故
　　孔、墨之後，儒分爲八，墨離爲三，取捨相反不同，而皆自謂眞孔、
　　墨，孔、墨不可復生，將誰使定世之學乎？（《韓非子·顯學》）

　　韓非所說的「儒分爲八」與「墨離爲三」一樣，不僅指儒學或墨學的分崩離析，而且說明兩家的聲勢浩大，從之者眾，生動地突出了儒家和墨家在當時的空前盛況。在韓非看來，儘管儒者、墨者的具體主張不同，然而，他們卻都以傳孔子或墨子之學爲榮。成爲先秦之「顯學」，對於儒家和墨家來說，不能不說是莫大的殊榮；對於天本論來說，不能不說是全面的勝利，因爲儒家和墨家都屬於天本論。

第四節　天與中國人的宗教情結

　　儒家和墨家在先秦時期的諸子百家中異軍突起，擁有至高無上的榮譽，並列爲「顯學」，展示了旗鼓相當的學術勢力和社會地位。進而言之，爲什麼是儒家和墨家而不是其他學派或兩家和其他學派一起並爲「顯學」？儒家與墨家並譽爲「顯學」是純粹的偶然？還是隱藏著某種必然性？

　　應該承認，儒家與墨家的學說具有某些本質區別。墨子當年曾學「孔子之術」、「儒學之業」，正因爲不滿儒家的繁文縟節和厚葬的靡財害政才更立門戶。因此，墨家從某種意義上說一開始建立就以儒家對立面的身份和姿態出現。正因爲如此，《墨子》書中有《非儒》篇，專門對儒家的思想進行反擊。

不僅如此，《墨子》的《公孟》篇將墨家與儒家思想的對立歸納為四個方面，並且從四個方面反對儒家主張。現摘錄如下：

> 儒之道足以喪天下者，四政焉。儒以天為不明，以鬼為不神；天鬼不說，此足以喪天下。又厚葬久喪，重為棺槨，多為衣衾，送死若徙，三年哭泣，扶後起，杖後行，耳無聞，目無見，此足以喪天下。又絃歌鼓舞，習為聲樂，此足以喪天下。又以命為有，貧富壽天、治亂安危有極矣，不可損益也。為上者行之，不必聽治矣；為下者行之，必不從事矣。此足以喪天下。(《墨子・公孟》)

由此可知，墨家對儒家的批判牽涉的內容涵蓋諸多領域，其中既有本體哲學，又有政治哲學或道德哲學，可謂是體系的顛覆。綜觀墨子的思想可以發現，墨子的許多重要言論都是針對孔子的思想反其道而行之的結果，從「天志」「非命」「節葬」「節用」到「非樂」等等無不如此。

問題到此並沒有結束，面對墨家對儒家思想的反戈一擊，身為儒家的孟子和荀子也不甘示弱。孟子指責墨子說：「墨氏兼愛，是無父也。無父無君，是禽獸也。」(《孟子・滕文公下》) 無父無君，無異於禽獸，孟子對墨學的這個評價——準確地說，應該是譴責對於堅守人禽之辨的儒家以至於中國哲學來說是最猛烈的，當然也是最致命的。同樣，荀子對墨家學派充滿不屑，時時不忘對墨家思想鞭撻一番。例如，荀子一而再、再而三地指出：

> 墨子蔽於用而不知文。(《荀子・解蔽》)

> 不知壹天下、建國家之權稱，上功用，大儉約而僈差等，曾不足以容辨異、縣君臣；然而其持之有故，其言之成理，足以欺惑愚眾。是墨翟、宋鈃也。(《荀子・非十二子》)

> 我以墨子之「非樂」也，則使天下亂；墨子之「節用」也，則使天下貧。非將墮之也，說不免焉。墨子大有天下，小有一國，將蹙然衣粗食惡，憂戚而非樂。若是，則瘠；瘠，則不足欲；不足欲，則賞不行。墨子大有天下，小有一國，將少人徒，省官職，上功勞苦，與百姓均事業、齊功勞。若是，則不威；不威，則罰不行。賞不行，則賢者不可得而進也；罰不行，則不肖者不可得而退也。賢者不可得而進也，不肖者不可得而退也，則能不能不可得而官也。若是，則萬物失宜，事變失應，上失天時，下失地利，中失人和，天下敖然，若燒若焦；墨子雖為之衣褐帶索，嚽菽飲水，惡能足之

乎？既以伐其本，竭其原，而焦天下矣。（《荀子·富國》）

這些議論表明，荀子不贊同墨子只講實用而不顧文采、禮節的做法，揭露墨子的思想在陷入思維誤區的同時，形成了種種弊端。基於這一思路，荀子對墨子的「非樂」、「節用」等主張的社會危害和實際後果進行猛烈攻擊。總之，荀子對墨家思想的攻擊可謂是全方位的。

從儒家、墨家的相互攻擊和口誅筆伐中可以看到，兩家即使算不上水火不容，至少異見多多。例如，儒家好仁義，墨家尚功利；儒家重差等，墨家尚平等；儒家信天命，墨家主非命；儒家主厚葬，墨家尚節葬；儒家重視禮樂教化，墨家疾呼非樂……如此等等，不一而足。既然如此，究竟是什麼原因使如此懸殊的兩種學說一起成為先秦僅有的兩家「顯學」？從邏輯上講，如果儒學和墨學並稱「顯學」是必然的而並非純粹偶然的話，那麼，這個必然性應該在儒家和墨家思想的相同性中尋找，不可能存在於兩家思想的差異之中。對此，人們不禁要問：兩家的相同點究竟是什麼？

上述分析顯示，儘管儒家與墨家的思想差異很多、對天的具體理解也不盡相同，然而，兩家對天的推崇和祭祀卻別無二致。儒家和墨家都把天說成是宇宙間最尊貴、最權威的存在。換言之，儒、墨兩家都是天本論者。

分析至此，問題的中心轉向了為什麼兩家「顯學」都屬於天本論？天本論成為先秦的「顯學」是偶然的還是必然的？為什麼與天本論分庭抗禮、理論上勢均力敵的道本論無一進入「顯學」——無論道家還是法家都與「顯學」失之交臂？這些問題的答案是開放的，可以從不同角度予以探究。下面的分析拋開政治因素，從天本論崇奉的天切入，圍繞著天本論的哲學理念展開。

在中國古代哲學中，天本論所尊崇的天具有如下幾個特點和功能：第一，人存在的本體依託。第二，至高無上的絕對權威。第三，公正無私。第四，具有意志的人格神。第五，高高在上的傾訴對象。第六，賞善罰惡，即對人之行為的俯瞰和審判。如果說天的前三個特點道也擁有的話，那麼，天的後三個特點則是道所沒有的。既然是天所獨有的，便可以視為天的專利。換言之，天的前三個特點與道呈現出某種相似，後三個特點則表明了與道的不同。天的前三個與後三個特點對於天本論成為「顯學」具有不同意義和作用，也拉開了天本論與道本論之間的距離。

大致說來，天的前三個特點與後三個特點之間的區別如下：前者是哲學的，後者是宗教的；前者是超功利的，後者是功利的；前者是超凡脫俗的，

後者是世俗凡務的。進而言之，道只有前三個而無後三個特點的專有性決定了道的形上性、超功利性和超凡脫俗性，同時擁有前三個和後三個特點使天具有了哲學與宗教、超越與功利、脫俗與世俗的雙重屬性、功能和意義。由此可以推斷，先秦哲學的「顯學」都屬於天本論不是偶然的，與中國人特有的宗教情結密切相關。具體地說，由於兼具雙重屬性和功能，天在中國哲學中是大眾哲學信奉的本原，也是世俗文化的代表；人對天的尊奉既有思想上、意識中的奉若神明，又有行動中、儀式上的頂禮膜拜。這使天在中國古代擁有道無法比擬的廣闊市場和受眾群體，並且成為某種宗教化的存在。

　　宗教與哲學具有天然的親緣性，在遠古時代甚至渾然未分。就學理層面而言，哲學與宗教具有相同性，那就是都探討人的本質、人的未來，都是對人的終極關懷。這解釋了為什麼講哲學的人往往涉及到宗教——如費爾巴哈從人的本質講到上帝的本質、最後落腳在宗教的本質上，為什麼中國在東漢時出現了道教、南北朝隋唐時的哲學形態是佛教，為什麼以救亡圖存為立言宗旨的近代哲學吸納了佛教的思想因素，為什麼西方哲學的中世紀成為基督教時代等等。一言以蔽之，在對人的終極關懷上，宗教——確切地說，宗教的教義在某種程度上就是宗教哲學。這是哲學與宗教的密切聯繫和一致性。在這個前提下應該看到，哲學終歸不是宗教，宗教與哲學之間的界限涇渭分明。拋開學理層面即宗教的教義不論，僅從形式上看，儀式是任何宗教都必不可少的組成部分。

　　在這方面，與天的宗教性存在息息相關，儒家和墨家都講對天的祭祀。孔子要求祭祀必須做到態度認真、禮節完美，《論語》中對這方面的記載人們耳熟能詳。孟子宣稱：「雖有惡人，齊戒沐浴，則可以祀上帝。」（《孟子·離婁下》）在這裡，人人都要祭祀天，並且皆有與天溝通——祭祀天的權利，這與西方基督教所說的上帝面前人人平等何等相似！墨子對上天的祭祀與儒家相比有過之而無不及——不僅祭祀上天要沐浴齋戒，畢恭畢敬，潔為酒醴粢盛，各種犧牲、供品和禮物肥碩、潔淨並合乎禮節，而且貴為天子的國君也要祭祀上天。由於有了祭祀的行為、禮節和儀式，儒家和墨家代表的天本論者對天的尊崇作為祭祀上天的理論前提便有了某種教義的功能。除此之外，宗教注重來世。孔子儘管「敬鬼神而遠之」，然而，他對上天和祖先的祭祀表明儒家相信靈魂不死。墨家主張「明鬼」，所明之鬼分為三類，其中的一類就是人死而成之鬼。與此相關，在中國，稱人死為昇天、撒手西天或上西天。

這種說法固然與佛教的影響有關，同時也與信奉基督教的西方人把死視為升入天堂、與上帝同一如出一轍。

總之，天的特點和天人合一的思維方式及價值取向使天在中國哲學乃至中國人的生活中佔有舉足輕重的位置，擁有不可替代的重要作用。對上天和祖先的祭祀又使儒家、墨家秉持的天本論具有了某些宗教的特點和功能。天本論對天的頂禮膜拜使天接近宗教的特點和功能。從這個意義上說，天本論在先秦成為「顯學」符合哲學發展的一般規律，也有深厚的思想淵源。眾所周知，哲學的萌芽是同原始宗教連為一體的，或者說哲學的早期階段呈現出某種自然宗教的特徵，如相信靈魂不死、崇拜自然物等。在殷周時期占統治地位的思想是上帝神權觀念，後來發展為天命主宰一切的思想。以《周易》和《尚書·洪範》為代表的早期陰陽、五行觀念尚未完全擺脫宗教神學的束縛，這一時期的哲學作為中國哲學的早期階段始終與宗教、神話糾纏在一起。在中國的文化語境中，天的出現與中國最早的原始宗教和上帝觀念密切相關。作為最古老的基本範疇之一，天並非儒家或墨家的首創。無論對於孔子還是墨子來說，天都屬於先民的文化傳承，對天的敬畏也成為兩人好古的一項內容。周公提出「以德配天」，孔子追慕周公。同樣好古的墨家從先民那裡延續了天的觀念，有意無意之間便接納了——至少不反感或刻意迴避天內在的宗教成分和要素。

事實上，先秦乃至中國哲學對天的崇拜在某種程度上流露出中國先民樸素的宗教情結，由此便不難理解包括墨家在內的天本論在先秦成為「顯學」具有深層的認識根源和文化背景了。具體地說，墨家的天本論再現了先秦哲學作為中國哲學的萌芽和初始階段的真實情景，那就是：尚不能完全割斷與宗教的血緣臍帶。令很多中華文化圈之外的人感到驚訝和疑惑不解的是，具有五千年悠久歷史且文明未曾中斷的中國何以沒有宗教？對墨家尤其是儒家之天的深入研究和理解或許是解開這個困惑的關鍵。誠然，中國自古以來缺乏與西方相同的、與世俗社會完全脫離的出世宗教。儘管如此，這是否就意味著中國自古以來就是一個無宗教或宗教意識淡漠的國度？簡單地予以否定顯然有失武斷。

進而言之，如果說中國人自古以來就不乏宗教觀念，那麼，中國人的宗教有何不同於西方的特徵？簡單地說，這些問題都可以在天那裡得到解答。弄懂了這些問題，也就理解了墨學和儒學在先秦顯赫的某種必然性：第一，

天的存在彌補了中國社會沒有出世宗教的空缺。或者說，儒家、墨家所屬的天本論就是中國宗教的遺存，本身就是中國宗教的哲學表達。在中國古代哲學中，天不僅是哲學範疇，也是人的日常生活、政治生活的宗教根基和精神依託。在中國人的心目中，天決不僅僅是一個哲學範疇或天地萬物的本原，天與人之間決不僅僅是單一的派生與被派生的關係，而是互動的、交流式的關係。人對天的祭祀、祈禱類似於宗教儀式，祭天、祭祖成爲中國人日常生活和國家政治的重要內容。第二，天的特徵決定了中國人具有與西方迥然相異的宗教觀念。天出世與入世的兼具性決定了中國宗教擁有迥異於西方宗教的世俗化傾向。有別於西方的政教分離，中國古代的政治與宗教合二爲一，政權與神權、宗教與政治乃至宗教與世俗也是合二爲一的。中國古代的政教合一產生了兩個相應的後果：一是導致多神崇拜而非一神論，一是促成了宗教事務的世俗化和大眾化。

第五節　儒家與傳統文化的倫理本位和宗法等級

　　上述內容顯示，完整、健全的天人合一解決了中國人安身立命的需要，使道本論與天本論一樣不僅成爲先秦哲學的眾望所歸，而且成爲中國哲學的主流和中國傳統文化的主幹。不僅如此，天本論由於較好地解決了出世與入世、脫俗與世俗的矛盾，滿足了中國人對宗教的渴望，在先秦時期成爲「顯學」。在先秦時期，墨家和儒家同爲「顯學」擁有同樣的命運和地位。在後續的歷史發展中，儒家一再重創輝煌，在西漢被「獨尊」，在南宋之後被奉爲官方哲學。墨家自秦以後一蹶不振，從此便難以東山再起。儒家與墨家的歷史命運爲什麼如此天差地別？正如這個結果是多種原因共同造成的一樣，這個問題也絕非只有一個答案。就哲學而言，墨家與儒家不同的命運至少與下面兩個因素密切相關：一是天人合一的模式，一是天人的關係。

　　首先，作爲天本論者的儒家和墨家都講天人合一，所講的人與天合一的具體方式、內容和步驟不可同日而語。一言以蔽之，儒家與墨家建構了不同樣式的天人合一，儒家建構了道德模式的天人合一，墨家建構了利益模式的天人合一。

　　儒家——尤其以孟子爲代表遵循著道德完善的合一模式，把天人合一的具體實現轉換成個人的修身養性、進而治國平天下。這就是說，儒家天人合

一的實現是行仁義於天下的過程。墨家的天人合一是為天之所欲、不為天所不欲，這使墨子所講的「兼愛」「非攻」「尚賢」「尚同」乃至「貴義」與其說是出於自身道德完善的需要，不如說是得天賞、懼天罰的抉擇。至此可見，儒家與墨家的天人合一屬於截然不同的兩種模式：第一，從理論初衷上看，呈現出或為義或為利的不同。第二，從運行機制上看，呈現出或道義或功利的不同。

儒家與墨家天人合一的不同模式隱藏著對天人關係的不同釐定：對於儒家來說，人與天是道義關係——在天一方，賦予人以仁、義、禮、智，讓人踐履「天爵」；在人一方，與天合德、「參天地之化育」成為大人。對於墨家來說，人與天是利益關係——在天一方，希望人貫徹自己的意志、人儼然成為「天志」實現的工具；在人一方，為天之所欲是為了得天賞，從上天那裡獲得好處。沿著道義與利益的不同思路，儒家與墨家所理解的天人關係距離越拉越大。孔子講畏天，孟子講知天，天始終是敬畏和崇拜的對象；在這個維度中，天與人絕非平等，而是上下、尊卑關係。墨子斷言天為宇宙間最尊貴的存在，並且呼籲人順天、法天和上同於天。既然天是最尊貴的存在，那麼，包括人在內的世界萬物都卑於天。儘管如此，人以天為尊的最終目的是為了天予我以利，墨家理想的天人關係是互利互惠的平等關係。這用墨子本人的話說便是：「我為天之所欲，天亦為我所欲。」（《墨子·天志中》）

其次，儒家與墨家之天的差異體現了不同的價值取向和人生追求：在天人合一的模式上，兩家呈現出或為義、或為利之分；在天與人的關係上，呈現出或差等、或平等之別。正是這些不同注定並宣告了儒家的勝利和墨家的慘敗。之所以下如此斷語，原因有二：第一，中國傳統文化屬於道德、倫理本位的文化。在這方面，儒家佔有絕對優勢。第二，中國古代是宗法血緣社會，森嚴的等級制度亟需理論辯護。在這方面，墨家的平等主張顯然不合時宜。

與西方人把天視為自然科學的研究對象不同，中國人習慣於把天視為哲學範疇。在中國哲學的視域中，天人合一不唯是一種理論建構，更是一種操作系統。因此，天人合一不僅具有形上意蘊，而且擁有實踐維度，最終落腳在人如何與天合一上。這樣一來，天人合一便從宇宙論轉換為人生論、道德論和修養論（工夫論）。這是中國哲學側重人生哲學、道德哲學的表現，也使道德論具有了本體論根基。天有倫理、道德屬性，或為人制定倫理道德，或

爲義理之天。同時，中國哲學講究體用不二。天爲宇宙本原時，天人合一側重天派生人的宇宙生成論；天爲萬物主宰時，天人合一轉化爲本體論。這時的天成爲人之存在的本體依託，天人合一成爲人超凡入聖的踐履工夫。換言之，天本論所講的天人合一包含兩個層面：第一，從本原、本體上闡述上天如何派生人，從本原上、來源上看天人一類，即人與天爲何合一。第二，在現實中、行動上操作人如何與天合一，即人通過行爲實踐完成上天賦予的人生價值和使命。

　　一方面，儒家與墨家對天的尊崇和對天人合一的追求別無二致：就天產生人而言，儒家認爲人爲上天所生，天決定人或吉或凶的命運。這與墨子所講的上天爲人類社會立國都、設正長是一個意思，都可以歸結爲人命天定。在人通過自己的行爲即道德實踐與天合一上，儒家的行仁義禮智、以德配天和參天地之化育與墨子恪守的「尚同」「兼愛」「非攻」等爲天之所欲、上同於天如出一轍，都可以歸結爲尊天、法天。另一方面，涇渭分明的理論宗旨和行爲動機使儒家與墨家具有不同的價值取向和目標追求，所追求的天人合一漸行漸遠。儒家追求仁、義、禮、智的價值宗旨和人生目標在中國古代正統的價值體系中爲善，墨家的功利訴求在古代社會顯然無法像儒家那樣得到主流價值觀的認同。

　　有學者稱中國傳統文化是「倫理性」或「倫理政治性」文化，在與西方文化的比較中，中國傳統文化的倫理本位更加明顯和突出。中國傳統文化的倫理本位是不爭的事實，對這一事實的認定卻始終存在著不同的聲音。有學者認爲，由於中國傳統文化的主幹是儒家，儒家文化的倫理本位決定或造就了中國傳統文化的倫理本位。顯而易見，這個解釋有些似是而非。試問，爲什麼儒家能夠在先秦時期的諸子百家中成爲「顯學」？爲什麼儒學在「焚書坑儒」之後依然能夠成爲中國傳統文化的主流？這些共同證明，在儒家與倫理本位的關係問題上，與其說是儒家造就了中國文化的倫理本位，不如說是宗法等級制度選擇了儒學。至少是經過後儒改造的儒學與宗法等級制度可以相互造勢，相得益彰。可以作爲佐證的是，在先秦，儒家學者都曾經有過周遊販賣、爲儒學游說的經歷，爲什麼先秦哲學和文化沒有形成倫理本位的文化而始終處於百家爭鳴的態勢之中？主要原因之一便是儒家沒有得到統治階層的認可，更談不上被獨尊。可以作爲反證的是，與儒家同屬天本論的墨家學說。墨子不僅把人的道德觀念和行爲規範如「兼愛」「非攻」「尚賢」「尚同」

「貴義」等說成是天志，在宇宙本原——上天那裡爲其辯護，而且在強調爲之得天賞、不爲遭天罰中增加其強制性。在這個意義上，墨子思想的倫理本位傾向比儒家更爲徹底和深刻。既然如此，爲什麼墨家學說沒有進入中國傳統文化的主流，反而被急劇邊緣化，在秦後瀕臨滅絕？這些問題的答案在於，儒家成爲中國傳統文化的主流不僅歸功於其理論本身，而且有賴於中國古代社會特殊的土壤，是雙方相互作用的結果。

中國是一個宗法血緣根深蒂固的國度，中國的第一個朝代——夏就脫胎於血緣世襲。在此之後的朝代更替中，除非篡權，一直沿用著基於宗法血緣的世襲制。宗法血緣被奉若神明，夏商周尤其是周王朝遵循著家天下的模式。在這種統治模式和政治結構中，倫理與政治同構，家與國同質。家是國的縮影，國是家的擴大。個人與國家的關係是個人與家庭、個人與家族關係的合理外推。於是，在宇宙之間，天地相當於父母，萬物相當於同胞朋友和兄弟姐妹；在社會之中，君長爲父母，百姓爲子臣；在家庭內部，父母相當於君王，兄長相當於上司，弟妹相當於下級，子女相當於子民。在這種文化環境和家族血緣的締造模式、話語結構中，所謂參政議政說到底無非是把用之於家的倫理情感施之於國，在家孝敬父母，出仕忠於君王，始於事父，終於事君。在此過程中，人們從事的是政治活動，由始至終貫徹的卻是倫理精神。當然，上下尊卑的政治關係被演繹爲基於宗法、血緣的倫理關係。正因爲如此，中國傳統文化不僅需要倫理本位，而且需要爲宗法等級辯護的倫理本位。儒家思想不僅是倫理本位的，它的倫理本位與宗法等級相互印證，具體表現便是倫理宗法化和等級制度倫理化。正是在倫理本位與宗法等級相互印證即爲宗法等級辯護這一點上，墨家被淘汰出局，儒家最終佔了上風。

儒家與墨家不同的天人合一模式所體現的天與人之間的差等與平等的關係最終落實到人與人的關係中。與墨家的人人平等的不合時宜相反，儒家的人與人關係的不平等以及禮教思想與宗法等級制度一拍即合。具體地說，儒家不僅在天與人不平等的前提下加固人與人的不平等，而且用禮來使人與人的親疏厚薄、貴賤尊卑關係倫理化和制度化。儒家用來規定上下尊卑、等級名分的禮教，又稱「名教」即名分之教。禮具有別親疏、等貴賤的功能和作用，目的是協調上下、親疏關係，使整個社會達到和諧。對於禮，《論語》有經典表述，那就是：「禮之用，和爲貴，先王之道斯爲美。」（《論語・爲政》）儘管孔子強調作爲形式，禮主要表達人的情感思想，祭祀、婚喪之禮都以表

達情感爲重，不要過於追求形式，然而，不可否認的是，禮的作用、意義和實質就是區別等級貴賤的宗旨一直沒有變。

儒家對宗法等級之禮的設計是全方位的，於是儒家經典中才有了三禮。對於儀禮三千更是將儒家對禮的樂此不疲、推崇備至推向了極致。上至朝廷的禮儀、宗廟的祭祀、國家的組織和法律，下至社會禮儀乃至鄉規民俗，都灌注著儒家之禮的無所不在。尚需提及的是，儒家崇尚的禮是集道德與法律於一身的，法律是伴隨著私有制的產生而出現的。在漫長的階級社會中，離開法律是不可想像的，而中國傳統文化在漫長的封建社會均以崇尚道德的儒家爲主幹。爲什麼？因爲與法家的思想相比，儒家除了具有殘酷陰冷的法家所不曾擁有的溫馨仁愛之外，還蘊涵法家的法律法規——前者的代表是仁學，後者的代表是禮學。在中國古代社會，禮指典章制度，作爲政治制度的體現，是維護宗法等級制度的禮節儀式。與此同時，禮還是人的行爲準則，兼具道德和法律意義。禮的法律內涵在古代社會後期尤其是在宋元明清各代表現得尤爲突出，各種家法族規便是其集中體現。禮的這種面孔和身份與儒家把宇宙間的天地萬物的關係和人類社會中統治與被統治的關係說成是基於血緣親情的家庭內部的分工一樣，具有溫情脈脈之效果。如此看來，儒家的顯赫地位是再合乎邏輯不過是事了。

與此同時，儒家崇尚的禮並非儒家的獨創，而是源於西周時期的周公，可謂是由來已久。孔子因循的是西周的禮，聲稱「周監乎二代，鬱鬱乎文哉！吾從周」（《論語・八佾》）。其實，不惟西周，夏有夏禮，商有商禮，周有周禮。禮之傳統在中國源遠流長，對禮的重視和推崇奠定了儒家深遠且廣博的文化傳統和民眾基礎。毫無疑問，這也成爲儒家被廣泛接受的原因之一。

第二十六章　先秦語言哲學

　　春秋戰國時期，社會動盪不安。事物的不斷變化使原有的名已經跟不上實的變化，名與實的矛盾變得十分尖銳，出現了「名實相怨」的局面。「名實相怨」的社會現實使名與實如何相符日益凸顯出來，成爲迫切的社會課題。諸子百家從不同的立場、觀點出發提出了自己的解決方案，建構了各派的語言哲學，中國語言哲學的帷幕由此拉開。

　　語言哲學是先秦哲學的重鎮之一，從儒家、道家、墨家、名家到法家都參與其中。先秦語言哲學涵蓋了諸多領域，從本體、認識、邏輯到倫理、交往和政治領域逐一被佔領。先秦語言的聲勢之大、範圍之廣，其他時期的語言哲學無有望其項背者。先秦諸子百家對語言的論述既盡顯個性風采，又呈現出明顯的時代特徵。

第一節　孔子代表的德行派

　　儒家對語言非常重視，這一傳統在作爲儒家創始人的孔子那裡就已經開始。《論語》中的一則記載集中表達了孔子對語言的基本態度：

　　　　子曰：「予欲無言。」子貢曰：「子如不言，則小子何述焉？」
　　　　子曰：「天何言哉？四時行焉，百物生焉，天何言哉？」（《論語·陽貨》）

　　從中可知，在對待言的態度上，孔子不尙言而欲無言。這包含兩層意思：第一，生養並主宰萬物的上天不言不語，無論從按資排輩還是倣仿上天計，人都不應該冒言或妄言。第二，上天不言不語，萬物卻可以沐浴其恩德——四時運行萬物並生；教育或培養學生，何以用言呢？在這裡，是世界萬物的

本原——上天的不言不語決定了孔子對待語言的謹慎態度，在這個意義上，孔子的語言哲學帶有本體意蘊。儘管如此，本體領域不是孔子語言哲學的中心，因爲他主要是在人生、倫理和政治哲學領域，從言與德、言與行、言與禮和言與政的關係入手探討語言問題的。

首先，孔子注意到了言對德的破壞，在言與德的關係上講究語言的樸實眞誠，對花言巧語（佞）特別反感。孔子認爲，花言巧語是道德的大敵，尤其與正直的品德相左。有鑑於此，《論語》中屢屢出現這樣的話語：

> 巧言亂德。（《論語・衛靈公》）

> 巧言令色，鮮矣仁。（《論語・學而》）

> 巧言，令色，足恭，左丘明恥之，丘亦恥之。（《論語・公冶長》）

孔子之所以反對花言巧語、巧舌如簧，是爲了杜絕心口不一、言不由衷的現象。在這方面，孔子告訴人「言思忠」，要講眞話、實話，不說謊話、假話和沒有根據的話；在與人交談時，要保證內容眞實、態度誠懇。

其次，孔子在自己的學生那裡發現了言行分離的現象，震驚之餘調整了自己的言行觀。據《論語》記載：

> 宰予晝寢。子曰：「朽木不可雕也，糞土之牆不可圬也，於予
> 與何誅。」子曰：「始吾於人也，聽其言而信其行。今吾於人也，聽
> 其言而觀其行。於予與改是。」（《論語・公冶長》）

孔子之所以將「聽其言而信其行」改爲「聽其言而觀其行」，是爲了保持言行一致。孔子以光說不行爲恥，並且恥於做得少而說得多的言過其實。正因爲如此，爲了避免說大話、說空話，孔子在言與行的關係上要求人在說之前想想是否能夠做到，最好是做了之後再說。有鑑於此，他不厭其煩地強調：

> 先行其言，而後從之。（《論語・爲政》）

> 君子恥其言而過其行。（《論語・憲問》）

> 古者言之不出，恥躬之不逮也。（《論語・里仁》）

> 其言之不怍，則爲之也難。（《論語・憲問》）

循著孔子的邏輯，行實在是太難了，不容易做到。正是由於怕自己說到做不到，有道德的君子總是顯得少言寡語。

再次，孔子探討了言與禮的關係，提出了「非禮勿言」的要求。「非禮

「勿言」要求言必須符合禮的規定，使言成為「克己復禮」的具體條目之一。不僅如此，孔子注意在不同場合、對待不同身份或不同智力的人採取不同的言說方式和言說內容。在《論語》中，這方面的例子比比皆是，下僅舉其一斑：

> 可與言而不與之言，失人。不可與言而與之言，失言。知者不失人，亦不失言。（《論語・衛靈公》）

> 侍於君子有三愆：言未及之而言謂之躁，言及之而不言謂之隱，未見顏色而言謂之瞽。（《論語・季氏》）

> 孔子於鄉黨，恂恂如也，似不能言者；其在宗廟、朝廷，便便言，唯謹爾。朝，與下大夫言，侃侃如也，與上大夫言，誾誾如也。

（《論語・鄉黨》）

據此可知，孔子或畢恭畢敬，緊張得好像連話都說不出來了；或語言流暢，謹小慎微；或侃侃而談、和顏悅色，和盤托出。總之，孔子在不同場合、面對不同身份的對象表現得千差萬別，並且選擇了不同的言說方式和內容。按照孔子的說法，言或不言的選擇應該根據交流對象而定，應該說的而沒有說或可與言而未言是失人，不可交流或不懂擇言是失言；言之道理的深淺應該視交流對象的理解水準而定——這便是「中人以上，可以語上也。中人以下，不可以語上也」（《論語・雍也》）的真實含義；言之話題和時機的選擇應該顧及對方的興致和臉色，見顏色而言而非「瞎」說——「瞽」。只有如此這般，才能使言與禮相吻合，盡顯君子風度。正是這些認識使孔子善於根據不同的交往對象選擇不同的語說方式，並且在不同場合、以不同身份出現或與不同的人說話時採取了不同的方式，真誠自然、自如自在。

最後，孔子注意到了人的言說方式和內容與政治環境清濁的聯繫，得出了「邦有道，危言危行；邦無道，危行言孫」（《論語・憲問》）的認識。循著這個邏輯，既然國家的政治環境如何必然在言上有所反映，那麼，言便成為觀察政治環境最好的指示器和晴雨表。

如果說言與德、言與行和言與禮的關係牽涉的是個人修養的話，那麼，孔子對言與政關係的表述則證明了言對於國家治理和天下興衰的重要作用。在這個問題上，《論語》中的這則記載堪稱經典：

> 定公問：「一言而可以興邦，有諸？」孔子對曰：「言不可以若是其幾也。人之言曰：『為君難，為臣不易。』如知為君之難也，不

幾乎一言而興邦乎？」曰：「一言而喪邦，有諸？」孔子對曰：「言
不可以若是其幾也。人之言曰：『予無樂乎爲君，唯其言而莫予違也。』
如其善而莫之違也，不亦善乎？如不善而莫之違也，不幾乎一言而
喪邦乎？」（《論語・子路》）

在孔子看來，語言的輿論導向可以決定國家的興衰，以至於達到一言或
興邦、或喪邦的地步。鑒於語言在國家政治生活中的巨大威力，在言與政的
關係上，孔子設想爲政從語言入手，把正名奉作爲官的第一步。名是言的基
本單位和構成要件。孔子對語言與政治關係的重視在爲政從正名做起中可見
一斑。

鑒於言與不言或如何言、言什麼對人的道德、行爲和禮節都有影響，孔
子把語言謹慎與人的思想品質聯繫起來，認爲語言謹慎是君子的品行之一。
更有甚者，他宣稱「君子欲訥於言而敏於行」（《論語・里仁》），與行爲上的
敏捷相反，語言上要遲鈍。於是，訥、訒便成爲孔子對於人在語言方面的要
求。《論語》中有這樣一段記載：

司馬牛問仁。子曰：「仁者其言也訒。」曰：「其言也訒，斯謂
之仁乎？」子曰：「爲之難，言之得無訒乎？」（《論語・顏淵》）

由此可見，孔子將訒直接與仁相提並論。事實上，孔子一貫強化慎言與
仁的內在聯繫，甚至視寡言爲仁的表現。正是在這個意義上，孔子連篇累牘
地宣稱：

道聽而途說，德之棄也。（《論語・陽貨》）

仁者，其言也。（《論語・顏淵》）

剛、毅、木、訥近仁。（《論語・子路》）

除此之外，孔子提出，言可能拯救或殃及家邦。並且，一言出口，駟馬
難追——「惜乎！夫子之說君子也。駟不及舌。」（《論語・顏淵》）鑒於言的
這種惟危惟微、迥然不同的後果，孔子強調人要對自己說過的話負責，始終
對言語持謹慎態度。這用他本人的話說便是：「君子一言以爲知，一言以爲不
知，言不可不慎也。」（《論語・子張》）基於上述認識，好學不倦、敏於行的
孔子卻主張在「敏於事」的同時「慎於言」（《論語・學而》）。孔子讓人少說、
慎言是從倫理學的角度考慮的，沒有從認識論的層面否認語言功能的意思。
相反，孔子對語言的多維透視從不同角度顯示了言對於人的重要性。正是在
這個前提下，孔子聲稱：「不知言，無以知人也。」（《論語・堯曰》）

第二節　老莊代表的本體派

　　道家之道與言具有與生俱來的不解之緣，這與道家的語言哲學互爲表裏，也更具有哲學意蘊。

　　首先，道的特徵和存在狀態不僅在某種程度上預示了老子、莊子對言主要是從懷疑和否定的維度上立論的，而且注定了兩人語言哲學的重心在本體和認識領域。

　　《老子》全書的第一句話即開宗明義地彰顯了道與言的關係：「道可道，非常道；名可名，非常名。」（《老子·第1章》）在此，老子強調，道不可言說或命名，人如果對道加以言說或命名就會破壞道，因爲言說或命名的道已經不是自然之道了。儘管如此，一個不爭的事實是，否認道可言說本身就已經在用言喻道、指道，也是對道的一種言說——儘管是在否定意義上進行的。與此同時，道的超言絕象反過來又使道擺脫不了與言的重重糾葛。例如，在命名上，老子指出，作爲天地本始的道無可言表，他稱之爲「無名」——儘管老子在名前加了個「無」，然而，他還是讓道與言扯上了關係。第二，道「無名」的結果是別名眾多。對於道，老子聲明：「吾不知其名，字之曰道。強爲之名曰大。」（《老子·第25章》）老子在否定道有名的同時用道、大稱謂道，道因「無名」而使諸多別名紛至沓來。第三，在道與言的關係上，老子對言之作用的否定回答使言與道的關係充滿張力，言由此像道一樣成爲關注焦點。

　　沿著老子開創的道路，莊子的語言哲學從對宇宙本原——道與言的關係切入，具體論述較之老子更爲深入和全面，並且貫穿本體、認識、倫理和人生等諸多領域。

　　其一，在道的命名問題上，莊子堅持「道不當名」。莊子對道之存在的論證沿著兩個不同的方向展開，一面極力確定道的存在，一面斷然否認道有形象、聲音等感性特徵。道的無形、無聲和無爲注定了道的無名，他稱之爲「道不當名」。正如莊子所說：「知形形之不形乎！道不當名。」（《莊子·知北遊》）既然道不能用名稱來指謂、用任何名詞來稱謂道都不恰當，那麼，語言（名）便不能進入道的領地。可見，道本身就排斥語言（名、稱謂），這種狀況是由道的存在決定的，故而與生俱來。

　　其二，在道的言說問題上，莊子確信「道不可言」。在莊子的語言哲學中，宣布「不當名」之日，也就是肯定道不可言說之時。由於道只有本體而沒有現象、只有存在而沒有屬性，所以，人們永遠也無法用語言去描述、界定或

接近道。對此，莊子斷言：「道昭而不道，言辯而不及。」（《莊子·齊物論》）值得注意的是，莊子不是認為語言不能認識和把握道，而是認為通過語言所認識和把握的道不是道的真相。語言掩蓋了道的真相，對把握道造成破壞。在這個意義上，莊子宣稱：「道惡乎隱而有真偽？言惡乎隱而有是非？道惡乎往而不存？言惡乎存而不可？道隱於小成，言隱於榮華。」（《莊子·齊物論》）

按照莊子的說法，榮華、浮誇、誇大其詞或浮於表面使語言不能超越是非的狹隘和偏激，從而遮蔽了語言的本性。如果用這種帶有是非觀念的語言去描述道的話，便會使道的全面性和統一性遭到扼殺。與此同時，語言的主觀性又難免使道失真，使人離道越來越遠。

其三，在道的交流問題上，莊子認為「道不可聞」。對此，他推論說：「使道而可獻，則人莫不獻之於其君；使道而可進，則人莫不進之於其親；使道而可以告人，則人莫不告其兄弟；使道而可以與人，則人莫不與其子孫。」（《莊子·天運》）如果道可以晉獻、傳遞、口授或贈與的話，那麼，人最先會使自己之至尊和至親——君、親、兄弟和子孫成為受惠者。人無法與其尊、其親分享道的事實證明了道是不可交流或傳授的。其實，道的「不當名」和「不可言」已經注定了道的不可交流或不可傳遞。尚需澄清的是，莊子否認憑藉語言交流或口授得道的可能性，並不否認道的可知性，只不過是其認識道的途徑有些特別而已——擯棄了耳聞目見等感性認識和語言交流等手段，而單憑心領神會意致。

其次，道家之道無聲無形、無象無名已經使言對道的命名、描述和傳遞捉襟見肘，老子、莊子對語言功能的認定更是以敏銳的哲思抓住了語言的內在缺陷——語言的真實性與實用性、話語的事實判斷與價值判斷的內在割裂，進而質疑語言的作用。

老子否認語言的認識功能，確信語言的真和善是脫節的。在他看來，真實的話語失雅，文雅的語言失真。鑒於語言的這種無法克服的致命缺陷，有智慧的人自然對言敬而遠之。這用老子本人的話說便是：

信言不美，美言不信。（《老子·第81章》）

知者不言，言者不知。（《老子·第56章》）

善者不辯，辯者不善。（《老子·第81章》）

老子強調：「多言數窮，不如守中。」（《老子·第5章》）基於對言的如此認定，老子放棄言而選擇不言，致使無言成了最後歸宿。至此，老子對言

開始且側重於本體領域的論證滲透乃至轉向了認識和人生領域。

　　一方面，與老子完全否認言的作用有別，莊子對語言予以肯定，在認知領域承認語言具有一定功能。莊子聲稱：「夫言非吹也，言者有言。」（《莊子‧齊物論》）這就是說，人類說話與自然界的吹風不同，總要表達一定的內容。莊子的這一說法實際上是肯定了語言的意義和價值。與此同時，莊子雖然對「忘言」心馳神往，但是，他肯定了意義的獲得──「得意」必須通過言這一手段和中介，正像捕魚、獵兔必須依靠筌、蹄等工具的幫助一樣。這表明，只有先「言」才能「忘言」，言是認識不可逾越的必經階段。於是，《莊子》指出：「筌者所以在魚，得魚而忘筌；蹄者所以在兔，得兔而忘蹄；言者所以在意，得意而忘言。」（《莊子‧外物》）

　　另一方面，莊子對語言的能力做了保留：第一，莊子指出，語言的認知能力是有限的。為了更好地說明語言的能與不能，莊子劃定了語言的能力許可權：「可以言論者，物之粗也；可以意致者，物之精也；言之所不能論，意之所不能察致者，不期精粗焉。」（《莊子‧秋水》）按照這種說法，語言只能表達物之粗──事物的外在屬性，如形與色、聲與名等；語言對於物之精無能為力，事物的內在本質和本體則是不可言傳的。第二，揭示了語言的不確定性和片面性。莊子斷言，對於語言來說，「其（指語言──引者注）所言者特未定也」（《莊子‧齊物論》）。這表明，語言的主體不是確定的，人我、彼此是相對的。語言的內容也是不確定的，隨著所要表達的事物的不同而有所不同。由於人我各有自己的是非觀念，由於事物帶有可與不可、然與不然的兩面性，最終導致語言的片面性。更何況莊子視界中的整個世界是一個無限變化的過程，無論在時間上還是在空間上都是無限的。所以，任何語言表達出來的認識都是片面的一管之見或「一面之詞」，而不可能概括事物的全貌。沿著這個思路，莊子指出，語言使道變得支離破碎，最終掩蓋了世界的真實情況。換言之，在語言的參與下，人不是越來越接近世界的本質和真相，而是離世界越來越遠。如此說來，語言不啻橫亙於人與世界之間的一堵密不透風的牆，不是作為橋樑將人與世界聯繫起來，而是將世界遮蔽起來。

　　基於言在本體和認識領域的種種表現，莊子讓人忘言、不言、無言和去言。即使在與他人交談而不得不言時，莊子也要求人「口言而心未嘗言」。至此，莊子的語言哲學落腳在了交往哲學和人生哲學領域。

第三節　墨家、名家、法家和荀子組成的邏輯派

　　與孔子代表的德行派和老子、莊子代表的本體派不同，邏輯派的成員並不限於諸子百家中的某一學派，而是由墨家、名家、法家和儒家的學者共同組成，主要代表人物有墨子、後期墨家、惠施、公孫龍、荀子和韓非等。之所以把這些屬於不同學派的人一起歸入邏輯派，是因爲他們都從思維形式和邏輯角度探究語言，關注名與實的關係、命名的方式和原則、概念的內涵和外延、命題判斷推理的形式以及思維規律——同一律、矛盾律、排他律等問題。這是對語言本身的研究，有別於從言與德或言與道的關係進行切入的研究視角和思路。可以看到，邏輯派以名、辭、說、辯爲核心展開語言哲學，在使名家、辯者與道家、儒家一起躋身於「六家」行列的同時，也使「名辯」成爲先秦乃至中國古代邏輯學的代名詞。

　　墨子第一次提出了辯、故等邏輯概念，在反駁別人的觀點時常說「子未察吾意之類，未明其故也」，並把「無故從有故」（沒有理由的服從有理由的）作爲辯論的基本原則。與此同時，墨子斷言：「瞽不知黑白者，非以其名也，以其取也。」（《墨子・貴義》）由此可見，墨子試圖通過對名取關係的設立糾正名實不符的現象。在此基礎上，墨子進一步指出，名實是否相符決定了語言的眞僞、當否，語言可以通過「實」——經驗來進行判定。基於這種認識，墨子強調「言必立儀」，把天志、百姓耳目之實、先王和利視爲判別言談之眞僞、當否、善惡的標準。對於爲何爲言動設立標準以及人之言動以何爲標準，《墨子》書中反覆三致意焉。現摘錄如下：

　　　　子墨子言曰：「言必立儀。」言而毋儀，譬猶運鈞之上而立朝夕者也，是非利害之辨，不可得而明知也。（《墨子・非命上》）

　　　　子墨子言曰：「凡出言談、由文學之爲道也，則不可而不先立義法。若言而無義，譬猶立朝夕於員鈞之上也，則雖有巧工，必不能的正焉。然今天下之情僞，未可得而識也，故使言有三法。」三法者何也？有本之者，有原之者，有用之者。於其本之也？考之天鬼之志、聖王之事。於其原之也？徵以先王之書。（《墨子・非命中》）

　　　　凡言凡動，合於三代聖王堯、舜、禹、湯、文、武者爲之；凡言凡動，合於三代暴王桀、紂、幽、厲者舍之。（《墨子・貴義》）

　　沿著墨子探究語言的致思方向和價值旨趣，後期墨家給故、理、類下了定義，對名、辭、說進行了研究，區分了達、類和私等外延不同的三類概念，

探討了或、假和效三種判斷形式，論述了闢、侔、援、推四種推理形式，揭示了同一律、矛盾律和排他律，並發現了一些邏輯謬誤。

以擅長辯論著稱的名家在辯論中注重分析名詞、概念的異同，始終以名作爲研究對象。其中，惠施代表的合同異派強調事物的普遍聯繫和不斷變化，認爲事物的差異是相對於一定的時間、地點和條件而言的，因而只有相對的意義。正因爲如此，人應該否定差異的界限，承認一切對立都是無條件的同一。公孫龍代表的離堅白派注重事物和名稱的差異、獨立和穩定性，強調不同名實的不同質的規定性和發展的中斷性，認爲萬物各自獨立、互不相同——即使是同一事物的各種屬性（如堅與白）也是互不相關的，從而否定事物和概念之間的聯繫。表面上看，合同異派與離堅白派各持一端；從實質上看，兩派都以名與實即概念與事物的關係爲研究對象，始終關注語言與外部世界的關係。

荀子對語言的探究從概念入手，揭示了人對名實關係的三種錯誤做法，他稱之爲「三惑」：第一，「惑於用名以亂名」，犯了偷換概念的錯誤。第二，「惑於用實以亂名」，用個別事實擾亂一般概念。第三，「惑於用名以亂實」，違背大家使用名詞、概念的共同習慣，利用名詞、概念的不同來抹殺事實。針對這些錯誤，荀子的語言哲學從正名開始，把正確地給事物命名作爲第一步。對於命名的原則，荀子堅持「制名以指實」，具體方法是：「同則同之，異則異之」，實異則名異，實同則名同。「知異實者之異名，故使異實者莫不異名也。」（《荀子·正名》）在對事物進行準確命名的基礎上，荀子主張：「實不喻然後命，命不喻然後期，期不喻然後說，說不喻然後辯。」（《荀子·正名》）爲此，荀子專門研究了命、辭、說和辯等思維形式，試圖通過正確的邏輯命題和推理確保語言的準確、恰當。

韓非在認識論上提出了「參驗」的觀點，認爲人的言辭是否可靠、觀點是否正確應該根據實際情況和實際功效加以驗證。這用他本人的話說便是：「循名實而定是非，因參驗而審言辭。」（《韓非子·姦劫弒臣》）其中，「參驗而審言辭」就是「言會眾端，必揆之以地，謀之以天，驗之以物，參之以人」（《韓非子·八經》）。在韓非的思想中，形名或稱刑名指事與言，有時稱實與名，即事物與語詞、概念。對於兩者之間的關係，韓非的看法是，「名實相持而成，形影相應而立」。這就是說，名以形爲本，形名相符，「形名參同」。

第四節　先秦語言哲學的共同特徵

　　德行派、本體派和邏輯派構成了先秦語言哲學的主要流派。在對待語言的態度、對語言功能的認定、理論體系的建構和概念術語的使用等諸多問題上，各派的具體觀點都天差地別。就切入點而言，德行派的入手處是言與德、與行、與禮和與政的關係，本體派熱衷於在與道的種種糾葛中談論言，邏輯派則專注名、概念、命題和推理等思維形式本身。就理論側重而言，德行派側重倫理、政治領域，本體派側重本體和認識領域，邏輯派則側重認識和邏輯領域。就對語言能力的認定和態度而言，各派紛紛從真理觀的高度為語言立法，立場和原則卻迥然相異：德行派揭示言對道德、行為、禮節的破壞和衝擊，本體派關注語言的失真以及對道的無能為力，並鑒於言的缺陷急於為語言劃界；邏輯派主張經驗實證，強調言要有證據。就概念系統而言，名為各派所共用，其他概念卻被不同學派所側重：語、正名和德行等頻繁出現在德行派的思想中，道在本體派的語言哲學中佔有重要一席，邏輯派則心儀實、辭、說、辯和類等專門的邏輯術語等。

　　與其他領域的情形一樣，先秦語言哲學的各派觀點之間產生了爭鳴，也相互補充：德行派在一言以興邦、一言以喪邦中透視語言的微妙，在對待語言的態度上謹小慎微，並要求人們從自身的道德修養做起。本體派在語言與宇宙本原——道的關係中領悟語言的無奈和缺陷，從不以主觀的人為破壞道的客觀性出發，讓人忘言、不言和無言。邏輯派對語言的論證始終圍繞著話語結構和思維方式展開，以保證概念的準確、判斷的真實和推理的合理。如此說來，各派都有自己的理論側重和關注焦點，彷彿彼此之間的研究互不搭界、都在自說自話。換一個角度看，正是這種差異使各派從不同方向和維度切入同一個問題的同時開拓了先秦語言哲學的視野，最終使從不同角度立論、在不同維度展開的先秦語言哲學涵蓋了本體、認識、邏輯、倫理、人生、交往和政治等各個領域。在某種程度上甚至可以說，正是各家的差異成就了先秦語言哲學的聲勢浩大、覆蓋面廣，也是語言哲學在先秦蔚為大觀、成為「顯學」的佐證之一。

　　正如從不同角度立論使德行派、本體派和邏輯派的語言哲學展示了不同的理論特色和個性風采一樣，對同一問題的關注暗含了彼此之間的一致性和相通性。與此同時，各派的語言哲學歸根結底都是面對「名實相怨」困境提出的解決方案，這注定了各派語言哲學的立言宗旨、關注熱點和根本態度的

一致性。這些構成了先秦語言哲學的共同特徵。

一、立言宗旨和中心內容——熱衷名實關係和正名情結

　　春秋戰國時期，急劇變化的社會局面導致了「名實相怨」，名與實的不符反過來加劇了思想界的爭論和社會的混亂。作爲對現實課題的回應和解答，先秦語言哲學發端於孔子的「必也正名乎」。據載：

　　　　子路曰：「衛君待子而爲政，子將奚先？」子曰：「必也正名乎！……名不正則言不順，言不順則事不成，事不成則禮樂不興，禮樂不興則刑罰不中，刑罰不中則民無所措手足。故君子名之必可言也，言之必可行也。君子於其言，無所苟而已矣。」（《論語·子路》）

　　在先秦乃至古代哲學的概念術語和話語結構中，名與實相對，是用以指稱存在的。如果說名實不符的社會現實注定了正名的必要性和迫切性的話，那麼，正名的需要反過來又引發了諸子百家對名實關係的深入研究和探討。於是，由孔子的正名引發的有關名實關係的辯論成爲先秦語言哲學的中心話題，涉及本體、認識、邏輯和道德、倫理、交往和政治等諸多領域。先秦語言哲學從正名始，以正名終。正名的立言宗旨使先秦語言哲學圍繞著名與實的關係展開，名與實能否相符以及如何相符一直是各派共同關心的核心話題。如果說能否相符涉及對言之能力的認定和言意關係的理解的話，那麼，如何相符則伸張了正名的宗旨。

　　正名的宗旨使先秦語言哲學以名爲基本範疇，並且重視對名的深入研究。名有狹義與廣義之分，狹義上指名詞、概念，廣義上還包括言辭、論說、著述和名分等。在對名實關係的理解和探討中，各派始終堅持名實相符的原則。正如稷下學宮的學者所言：「無固有形，無固有名。此言名不得過實，實不得延名。」（《管子·心術上》）

　　正是在正名的統領下，先秦語言哲學的精力不僅用於揭露名實不符的社會現實和不良後果、追究名實不符的根源、論證名實相符的必要性和緊迫性，而且主要用於爲名實相符提出實施方案。正是這一共同關注使先秦語言哲學的不同派別從不同角度共同指向了名實相符，也使名實相符成爲他們共同關注的立言宗旨和理論旨歸。就德行派的語言哲學而言，言與德的層面反對巧言亂德，目的是言與德統一、心口一致；言與行的層面主張先行後言是爲了

避免言過其實、言行脫離，追求言行一致；言與禮的層面主張「非禮勿言」，以使所言符合自己的名分等等。正是在層層把關和預防中，從方方面面共同杜絕言不符實的情況。就邏輯派的語言哲學而言，墨子主張言必立儀。依據他的設想，通過設立標準加以檢驗，語言的真偽、當否一目了然，於是可以杜絕名實不符的現象，從而使當下「一人一義，十人十義」的局面變為「一同天下之義」、「一同其國之義」。韓非運用賞罰二柄治天下，貫徹的依舊是名實相符的宗旨和原則。在他看來，法術的首要步驟是伸明法律概念、確定法律標準，「形名參同」才能賞罰得當。沿著這個思路，韓非提出了「審名以定位，名分以辨類」的思想，要求審察名的涵義，辨明事物的類別。在這個過程中，名實必須絕對同一，不得有半點差異。對此，韓非解釋說：「刑名者，言與事也。為人臣者陳而言，君以其言授之事，專以其事責其功。功當其事，事當其言，則賞；功不當其事，事不當其言，則罰。故群臣其言大而功小者則罰，非罰小功也，罰功不當名也；群臣其言小而功大者亦罰，非不說於大功也，以為不當名也害甚於有大功，故罰。」（《韓非子・二柄》）在這裡，名與實的關係轉化或具體化為言與事的關係，名實相符的原則卻絲毫沒有改變：君依據臣所陳之言授予其事（工作、職務和名分），臣所做的工作務必符合自己的名分——職位，功、事、言當則賞，功、事、言不當則罰。在功、事、言不當中，言大功小者罰，言小功大者亦罰。這套原則表現在具體工作或實際操作中便是，失職、瀆職者罰，僭越、越職者亦罰。《韓非子》中的故事生動地體現了這一原則：

> 昔者韓昭侯醉而寢，典冠者見君之寒也，故加衣於君之上。覺寢而說，問左右曰：「誰加衣者？」左右對曰：「典冠。」君因兼罪典衣與典冠。其罪典衣，以為失其事也；其罪典冠，以為越其職也。非不惡寒也，以為侵官之害甚於寒。（《韓非子・二柄》）

值得注意的是，先秦語言哲學所講的名、實以及名實相符具有不同的含義和層次：從名與實的實際所指和具體內容來看，名所指之實既可以是自然界的具體事物，也可以是事或人。與此相關，名與實的關係既可以指名稱與自然物的關係，也可以指人的稱謂與他的社會地位的關係。從名實相符的方法來看，先秦語言哲學沿著兩種思路和方向展開：一是主張名符於實即「按實而定名」、「以名舉實」——「舉，擬實也」，一是主張實符於名即「循名而督實」。當名所指之實是人或人的社會狀況、職務和地位時，名實關係以及正

名中的認識和邏輯意蘊便漸漸退卻，倫理、人生、交往和政治意蘊隨之急速凸顯。

二、價值取向和熱點話題——關注言意之辨和尚意情結

作爲另一熱門話題和關注焦點，言與意的關係即言意之辨集中體現了先秦語言哲學的價值取向。在言與意的關係層面，言指言辭、論說和著述，意指思想、義理和宗旨；在言意之辨中，存在著言盡意與言不盡意之爭。

儒家有言不盡意的傳統，五經中時常出現這樣的說法：

中冓之言，不可道也；所可道者，言之醜也。……中冓之言，不可詳也；所可詳者，言之長也。……中冓之言，不可讀也；所可讀者，言之辱也。（《詩經·鄘風·牆有茨》）

書不盡言，言不盡意。（《易傳·繫辭》）

道家也對言能達意持懷疑態度。其中，莊子的思想最爲徹底和典型。《莊子》通過一則故事形象地說明了言不盡意的道理，現摘錄如下：

桓公讀書於堂上，輪扁斲輪於堂下，釋椎鑿而上，問桓公曰：「敢問：公之所讀者，何言邪？」公曰：「聖人之言也。」曰：「聖人在乎？」公曰：「已死矣。」曰：「然則君之所讀者，古人之糟魄已夫！」桓公曰：「寡人讀書，輪人安得議乎！有說則可，無說則死！」輪扁曰：「臣也以臣之事觀之。斲輪，徐則甘而不固，疾則苦而不入，不徐不疾，得之於手而應於心，口不能言，有數存乎其間。臣不能以喻臣之子，臣之子亦不能受之於臣，是以行年七十而老斲輪。古之人與其不可傳也死矣，然則君之所讀者，古人之糟魄已夫！」（《莊子·天道》）

輪扁「有數存乎其間」卻「口不能言」，以至於「行年七十」還親自斲輪。這是因爲，言只能表達物之粗——表面現象，而不能觸及物之虛——道。由於言不盡意，道是輪扁「口不能言」的「難言之隱」。試想，通過面對面直接的語言交流、諄諄教導的親自口授尚且如此，離開具體情境的書面語言又將奈何！循著這個邏輯，輪扁對讀書的看法和議論是必然結論。對此，《莊子》解釋說：「世之所貴道者，書也。書不過語，語有貴也。語之所貴者，意也，意有所隨。意之所隨者，不可以言傳也，而世因貴言傳書。世雖貴之，我猶不足貴也，爲其貴非其貴也。」（《莊子·天道》）語言的可貴之處在於傳達意

義。問題的關鍵是，語言傳載的內容往往是一種弦外之音、言外之意，這種言外之意是絕對不能言傳身教或與人交流的。這是語言所無法逃遁的宿命。

問題到此並沒有結束，書是書面語言記載而成的。由於語言無法克服的只能言物之粗的缺陷，當書的作者已經作古時，書則成了遺記——徒有粗淺之形跡而已。基於這種狀況，莊子得出了如下結論：「夫六經，先王之陳跡也，豈其所以跡哉！今子之所言，猶跡也。夫跡，履之所出，而跡豈履哉！」（《莊子・天運》）任何語言都有當時的文化語境和言說背景，脫離了具體情境，語言的真實意義便會消失怠盡。這正如足跡是鞋子踩出來的、鞋子留下的腳印卻不代表鞋子本身一樣——當人們把目光投向鞋子留下的足跡時，鞋子已經跟隨它的主人之腳（變化之道）遊於他方了。因此，人們看到的永遠都只能是陳跡而已。現代解釋學對作者與文本關係的理解與莊子對語言的這種理解驚人相似。

大致說來，邏輯派並不否認言可盡意。墨子所屬的墨家是堅定的言盡意論者。《墨經》有言：「執所言而意得見，心之辯也。」（《墨子・經說上》）肯定人可以通過言瞭解和把握意證明了言可盡意，因為只有在言能盡意的前提下才能執言見意。

尚需提及的是，與言不盡意相比，言盡意論的呼聲顯得人單勢孤、微乎其微。有別於言不盡意的由來已久、源遠流長，言盡意論的明確提出始於西晉的歐陽建（？～300）。歐陽建指出：「非物有自然之名，理有必定之稱。……理得於心，非言不暢，物定於彼，非名不辯。」（《藝文類聚・言盡意論》）照此說法，人們對事物的認識離不開語言——不用言詞就無法表達，不用名稱就無法分辨；離開語言，人們無法區別事物，思想交流更是無從談起。因此，「欲辯其實則殊其名，欲宣其志則立其稱。」（《藝文類聚・言盡意論》）不難看出，歐陽建是以名、稱與形、色的關係即在名言之域論證言可以盡意的，因而聲稱「形不待名，而方圓已著；色不俟稱，而黑白已彰」。事實上，這早在先秦道家那裡就已經有定論了。莊子斷言：「故視而可見者，形與色也；聽而可聞者，名與聲也。悲夫！世人以形色名聲為足以得彼之情，夫形色名聲果不足以得彼之情，則知者不言，言者不知。」（《莊子・天道》）由此可見，歐陽建提出的名形可用語言命名和表達的思想莊子也承認，這嚴格地說不屬於言不盡意之意的範疇。歐陽建的言盡意論出現時間較晚，並且缺乏新意和深度，顯得沒有說服力。

相對於言盡意與言不盡意的斬釘截鐵、態度堅決，《呂氏春秋》對言意關係的看法較為溫和，頗具調和色彩。其言曰：「夫辭者，意之表也，鑒其表而棄其意，悖。故古人之得其意則捨其言矣。聽言者，以言觀意也。聽言而意不可知，其與撟言無擇。」(《呂氏春秋・離謂》)在這個視界中，言有雙重身份和屬性：第一，言有認識價值，「以言觀意」肯定了言有表意的功能。第二，言與意的地位不同，聽言時把重點放在意上，甚至得意可以棄言。與此類似的折衷觀點還有莊子的得意忘言等。

三、研究方式和根本態度——批判、反思視角和無言情結

受制於名不副實的現實，諸子百家始終以反思、批判的視角論及語言，大都以揭露言之弊端為己任。這使各家習慣於從語言的弱點、缺陷、無能和破壞力等消極面來審視語言，也使對言的憂患、顧慮成為先秦語言哲學的主流。

先秦語言哲學對語言的揭露主要集中在以下幾點：第一，言與德行的脫離和對德的破壞。孔子的「巧言亂德」揭示出言對德的破壞和對人的本質的偽裝，「有德者必有言，有言者不必有德」(《論語・憲問》)明確指出了言與德的分離——言並不代表德。莊子也有類似議論：「狗不以善吠為良，人不以善言為賢。」(《莊子・徐无鬼》)這就是說，人的言談能力與道德修養之間沒有必然聯繫，侃侃而談或談吐優雅並不能成為判斷一個人賢否的標準。第二，言對真相的掩蓋。孔子的語言哲學屬於德行派，恪守「聽其言而觀其行」是受到言行不一即言對人行為、本質掩蓋的震撼。本體派強調語言具有主觀性和片面性，用語言去命名、描述或交流道便會閹割、掩蓋道和世界的真相。第三，語言本身具有與生俱來、不可克服的致命弱點和缺陷。老子揭示了言與真、美和智的分離。莊子在為語言劃界、限制語言權力的同時，對語言的無能無奈無力無助刻畫得入木三分。第四，言語會給人帶來煩惱和爭論，導致人之交往的異化。莊子指出，帶有偏見和片面性的語言使人固執己見、陷於一隅，是各種爭端的由來。無論運用這樣的語言認識事物還是人際交往，都勢必使人陷入無休止的辯論中喪失真我和本性。

先秦各派語言哲學對語言缺陷的揭露和認定側重語言的消極意義，也決定了「無言」的結局。各家儘管是從不同角度對語言進行闡述的，然而，他們大都對語言持消極或謹慎態度。先秦語言哲學對言的低調處理乃至敵視態度最先

也最明顯地表現在其詞語搭配和話語結構中。用不著過多留意即可發現，先秦語言哲學在言的前面大多加上一個否定詞，從無言、去言、忘言到不言等等，諸如此類、屢見不鮮──這與孟子對心的盡、養、求之積極態度呈現鮮明對比。除此之外，先秦語言哲學還在言之前加有限制（不是限定）詞，從謹言、慎言到訥言等等，凡此種種、不一而足──這與孔子對行的先、敏、好等孜孜不倦形成強烈反差。先秦語言哲學在言之前加否定詞和限制詞以及對語言的低調處理除了道德原因外，還有肯定言之軟弱無力之意。因此，如果說謹言、慎言和訥於言從道德角度立論、顧忌言行不符等後果的話，那麼，忘言、不言、去言和無言還有基於言之無能而不屑於言的意思。

就對語言的根本態度而言，名實相怨的社會陰影和反思維度使先秦語言哲學對語言的闡釋不是暢想的、憧憬的，而是現實的、批判的，始終籠罩著壓抑氣氛。結果是，儘管思想大異其趣，然而，在標榜「予欲無言」上，孔子與崇尚無言的老子走到了一起。無言、不言、去言和忘言則是莊子對待語言的根本態度。在莊子看來，既然語言妨礙道的顯現和本真，那麼，人最明智的態度只能是對道不聞不問、保持緘默；既然道不可言、道不可道之道的後果勢必造成對道的破壞，那麼，為了體道只有拋棄語言。於是，莊子告誡人們：「彼至則不論，論則不至；明見無值，辯不若默；道不可聞，聞不若塞：此之謂大得。」（《莊子‧知北遊》）對言的這種消極態度和處理方式決定了先秦哲學對言總有那麼一些顧忌或顧慮：在言與不言上，無言是共同的選擇；如果不得已而言，也絕不苟言而是慎言和謹言。

謹言、慎言的做法使為語言立法或規範、限制言之方式成為先秦語言哲學的共識。通過對言與德、與行、與禮和與政的關係的論述，德行派主要從道德角度限制語言，反對弄虛作假，以此強調言要保證內容情感真誠、有理有據、與德一致、合乎禮儀規範等。邏輯派沒有對言做危言聳聽的告誡，卻一直從各個角度和方面──概念的明確、邏輯的清晰、推理的合理等為語言設立規範。

總之，對語言缺陷的揭露、對語言表達的謹慎和為語言立法是先秦各派語言哲學共同的思想傾向，也是名與實不符的社會現實在思想領域的反映。不理想的現實、名與實的背離以及言之弊端的顯露為諸子百家對言的反思提供了鮮活的社會素材，也在一定程度上影響了先秦語言哲學的面貌和基調。換言之，由於籠罩在「名實相怨」的陰影之下，與暢所欲言、言論自由相反，

諸子百家大都對言予以保留，對語言的這種消極、否定、漠視和批判態度甚至成爲先秦語言哲學與生俱來的氣質。

第五節　先秦語言哲學的人文旨趣

　　無論流派紛呈還是共同特徵都表明，先秦語言哲學洋溢著濃鬱的人文氣息和人本精神，其中貫穿的道德本位和交往情結尤爲濃烈。以倫理本位著稱於世的中國古代哲學影響並注定了傳統文化的倫理、道德本位，語言哲學也不例外。作爲古代哲學和傳統文化的組成部分，先秦語言哲學的道德本位不僅是其制約、影響的結果，而且爲其提供了證明材料。

　　首先，從先秦語言哲學的流派劃分來看，三大流派雖然各有理論側重，但是，他們都以道德爲共同歸宿。在三大流派中，以道德的視角探討語言的德行派首當其衝，倫理、道德不僅構成了德行派語言哲學的邏輯主線，而且是理論重心。本體派和邏輯派對語言的探究一個側重本體、認識領域，一個側重認識、邏輯領域，倫理、道德則是他們的共同歸宿。綜觀先秦語言哲學可以發現，除了德行派側重在語言與道德、行爲和禮儀的層面關注語言的道德屬性和倫理意義之外，熱衷於言與道之關係的本體派最終也把言歸結爲道德問題。正因爲如此，孔子和老子一起強調語言的眞實誠信，主張語言表達的內容要符合忠信原則。在這方面，孔子的「言思忠」（《論語·季氏》）與老子的「言善信」（《老子·第8章》）說的是一個意思。莊子指出，語言只能描述事物的外形和聲音，永遠也不能超出感性認識所給予的範圍。人的智力無法企及的，就不能用語言去表達。否則，說的將是妄言狂語或胡言亂語。爲此，莊子反覆指出：

　　　　言休乎知之所不知。（《莊子·徐无鬼》）

　　　　至言去言，至爲去爲。（《莊子·知北遊》）

　　循著這個思路，莊子認爲，健談不是博學、才華的表徵，相反，喋喋不休、巧舌如簧恰恰暴露了人內心的淺薄和不懂天道。正是由於這個原因，「原天地之美而達萬物之理」的聖人對道不加言說、議論或評價。由此看來，不言、不說和不議不惟不是無知，反而是有知——基於宇宙之道的一種大智慧。不言是一種基於有知的涵養和心態。基於這種認識，莊子認爲，無言、忘言是一種道德修養，標誌著得道的、常人沒有達到的精神境界。爲了說明其中

的道理，《莊子》講述了這樣一則寓言：

> 知謂無爲謂曰：「予欲有問乎若：何思何慮則知道？何處何服
> 則安道？何從何道則得道？」三問而無爲謂不答也。非不答，不知
> 答也。知不得問，反於白水之南，登狐闋之上，而睹狂屈焉。知以
> 之言也問乎狂屈。狂屈曰：「唉！予知之，將語若。』中欲言而忘其
> 所欲言。知不得問，反於帝宮，見黃帝而問焉。黃帝曰：「無思無慮
> 始知道，無處無服始安道，無從無道始得道。」知問黃帝曰：「我與
> 若知之，彼與彼不知也，其孰是邪？」黃帝曰：「彼無爲謂眞是也，
> 狂屈似之，我與汝終不近也。夫知者不言，言者不知，故聖人行不
> 言之教。道不可致，德不可至。仁可爲也，義可虧也，禮相僞也……」
> 知謂黃帝曰：「吾問無爲謂，無爲謂不應我，非不我應，不知應我也；
> 吾問狂屈，狂屈中欲告我而不我告，非不我告，中欲告而忘之也；
> 今予問乎若，若知之，奚故不近？」黃帝曰：「彼其眞是也，以其不
> 知也；此其似之也，以其忘之也；予與若終不近也，以其知之也。」
> 狂屈聞之，以黃帝爲知言。（《莊子·知北遊》）

在這個寓言中，面對知的發問，三個被請教對象做出了不同的反應，展示出不同的修養境界：無爲謂不答，因爲他「不知答」，不認爲需要用語言來回答知提出的問題——用語言或與人交流的方法得道本身就是錯誤的；狂屈雖然想回答，但是，他還是由於達到了「忘言」的道德境界和精神狀態，最終因爲「忘其所欲言」而使知「不得問」。黃帝和知則離道甚遠——一個因爲予以回答，一個因爲對道向他人發問。在這裡，回答的具體內容——說了什麼或怎麼去說並不重要，重要的是對待語言的態度——究竟無言還是欲言、欲言還是忘言。當然，莊子認定最高的境界是不言，不言是得道之人道德完滿的表現。至此可見，在莊子的視界中，言或不言直接體現了一個人的道德境界。

帶有自然科學傾向的邏輯派以認識和邏輯領域爲主戰場，在先秦三大語言哲學流派中離人文領域最遠。儘管如此，正名的宗旨使邏輯派在爲道德立言，因而在以倫理、道德爲歸宿上與其他流派別無二致。例如，墨子抨擊說，當時的各諸侯國「有譽義之名而不察其實也。此譬猶盲者之與人同命白黑之名，而不能分其物也」（《墨子·非攻下》）。對義之名實的關注決定了墨子研究語言的致思方向，也注定了他的語言哲學以倫理道德——義爲歸宿。如果

說義是墨子倫理體系的核心的話，那麼，他的語言哲學則是論證倫理思想——義的工具和手段。與此相關，墨子為言立儀的目的是為了判斷言之道德屬性——善或不善。對於這一點，《墨子》中的這段記載便是明證：

> 是故子墨子之有天志，辟人無以異乎輪人之有規，匠人之有矩。今夫輪人操其規，將以量度天下之圜與不圜也，曰：「中吾規者謂之圜，不中吾規者謂之不圜。」是以圜與不圜，皆可得而知也。此其故何？則圜法明也。匠人亦操其矩，將以量度天下之方與不方也，曰：「中吾矩者謂之方，不中吾矩者謂之不方。」是以方與不方，皆可得而知之。此其故何？則方法明也。故子墨子之有天之意也。上將以度天下之王公大人為刑政也，下將以量天下之萬民為文學、出言談也。……觀其言談，順天之意，謂之善言談；反天之意，謂之不善言談。（《墨子·天志中》）

在墨子看來，通過規矩的測量即標準的檢驗可以對言談加以分辨和檢驗，分辨和檢驗的結果是道義上的善與不善，而不是事實的真偽或邏輯的當否。善惡屬於價值判斷而非事實判斷或邏輯判斷，價值判斷表明墨子的語言哲學側重人文領域，富有道德意蘊。對言談進行善或不善的審判證明，墨子對語言的審視和探究雖然基於邏輯派的思維範式，但是，他的目的卻與孔子代表的德行派和老子、莊子代表的本體派一樣將語言運用於人生、倫理和政治領域，尤其為他的「貴義」、「兼愛」和「非攻」等主張服務。

其次，從先秦語言哲學的共同特徵來看，謹言、慎言和無言等對言的低調處理含有道德用意，正名、對名的重視和呼喚名實相符更是凸顯了先秦語言哲學的倫理本位和人文宗旨。

諸子百家之所以寄希望於正名，是因為他們認為「名實當則治，不當則亂」，試圖通過正名達到別同異、明是非、等貴賤和審治亂的目的。孔子呼籲正名是鑒於當時君不君、臣不臣、父不父、子不子的社會現象有感而發的，目的是為了讓人按照自己的名分行事——君要有君的樣子，臣要有臣的樣子，父要有父的樣子，子要有子的樣子。正名的立言宗旨大致框定了先秦語言哲學的核心話題和主體內容，也使圍繞正名展開的先秦語言哲學與倫理、道德密切相關。換言之，正名主張以及糾正君不君、臣不臣的違禮僭越現象決定了先秦語言哲學與聚焦社會領域以及人與人之間的關係，故而與倫理、政治具有先天的內在關聯。正名與名分密不可分。具體到社會領域，名實關

係也就是不同的人與他的名分之間的關係。孔子所講的正名之名，具體指周禮規定的等級名分。在孔子之後，歷經荀子、董仲舒等人的發揮，正名蛻變爲名教即禮教。至此，正名中的本體、認識、邏輯內涵被扼殺，倫理、道德和政治意蘊日益擴張，乃至膨脹爲唯一內涵。

　　道德包括道德觀念和行爲規範兩個方面。當言與道德相遇時，注定了言與行爲規範的密切相關。由此不難想像，道德本位致使人與人之間的交往成爲先秦語言哲學的題中應有之義。換言之，先秦語言哲學的倫理、道德本位本身即注定——至少暗示了其與交往的密切關係。事實正是如此，呼喚君之惠、臣之忠、父之慈和子之孝只是正名的一方面，問題的另一方面是，正名的理由是名不正則言不順，其中潛藏著言有交往作用的意思。事實上，正名是爲了交往的便捷和規範，孔子對言的很多議論都是就言的交往層面而言的。例如，在言與德和言與行的層面上，「巧言」和言行不一都是在人與人的交往中發生的。再如，禮是仁的外在形式和禮節規範，言與行、言與禮的關係中就包含處理交往中的語言問題。同樣，言與政的關係尤其是「一言以興邦」、「一言以喪邦」透過輿論眾口鑠金的威力，側重言在交往中造成的後果。

　　墨子對名實相亂、義與不義和「一人一義，十人十義」的揭露突出了語言在交往中造成的混亂以及由此產生的種種問題。針對這些問題，墨子確立了取不以名、言必立儀的原則，並展開對概念、範疇、推理的邏輯研究，並且針對語言的不當產生的混亂。顯而易見，這些都是側重語言在交往中的運用提出的。

　　莊子對辯論和人生煩惱的理解歸根結底都離不開言，最終可以歸結爲言置身其中的人與人的交往。對此，莊子寫道：「大知閒閒，小知間間。大言炎炎，小言詹詹。其寐也魂交，其覺也形開。與接爲構，日以心鬥。」（《莊子·齊物論》）這就是說，人之所以終日裏勾心鬥角、身心疲憊，以至於無論夢醒都處於無休止的煩惱之中，精神失於平衡，就是因爲不同境界的人或滔滔不絕、或喋喋不休的言說和辯論。爲了克服人與內心、人與人之關係的異化，也爲了避免言在交往中帶來麻煩和不便，莊子從語言哲學的高度提出了一套交往方法，簡言之即言無言、口言而心不言。按照莊子的說法，得道之人由於洞徹了道和言的眞諦可以達到「無言」、「忘言」的精神境界，言對於世俗之人總是在所難免。在「群於人」的交往中，言是日常生活中無法迴避——至少難以杜絕的現象。爲了使人在日常生活和實際行動中既能行使語言進行

交流又對無言、不言之原則無傷大礙，莊子提出的建議是：「其口雖言，其心未嘗言。」(《莊子・則陽》) 對此，他解釋說：「言無言：終身言，未嘗言；終身不言，未嘗不言。」(《莊子・寓言》) 循著這個說法，在運用語言與人交往、進行言說時要無所用心——對別人所言不知所云，甚至不知道自己在說什麼。在莊子設想的這種口言而心不言的行為中，既然口在說而心未嘗介入其中、不知所云，那麼，所言便是虛無的。這樣一來，儘管有言語的形式——口在說，卻無言說的內容——自己或他人都不知道說了什麼。既然言是表達意義的，那麼，沒有意義的言即使說了也等於沒說，這便是「終身言，未嘗言；終身不言，未嘗不言」的真正含義。至此，為了交往的需要，莊子調整了自己對語言的態度，放棄了本體、認識和道德領域的「無言」、「忘言」，開始允許「口言」，給了人們言說、表白、交流的權利和自由。儘管他強調言之無物、抽掉了言說的真實內容，從而使言流於空洞的形式，最終還是等於什麼也沒說——「無言」，然而，莊子對交往與語言密不可分的洞察及對交往的重視卻由此可見一斑。

總之，倫理本位或道德歸宿與交往情結共同反映了先秦語言哲學的人文情懷，也是中國哲學以及傳統文化的道德本位、人文情懷在語言哲學領域的具體表現和貫徹。兩者相互作用、相得益彰，共同呈現出先秦乃至中國哲學的獨特個性和亮麗風采。

第六節　先秦語言哲學的地位和影響

作為先秦哲學的一部分，語言哲學滲透並影響了先秦哲學的方方面面；作為中國哲學和文化的活水源頭，先秦語言哲學對秦後哲學的發展產生了深遠的影響；作為大眾心理和文化積澱，先秦語言哲學的烙印時常閃現在中國人的語言習慣、行為模式和處世原則之中。

一、先秦哲學的語言痕跡

如上所述，先秦語言哲學的三大流派是從不同角度切入語言的，無形中加大和擴展了先秦語言哲學的領地。先秦的語言哲學從本體、認識、邏輯到人生、倫理、政治等無孔不入、無處不在，成為先秦覆蓋面最廣的部門哲學之一。

　　語言哲學對各個部門哲學的滲透必然對這些領域產生影響——影響了這些領域的理論走向和觀點看法，甚至成為這些領域的內容之一。以先秦的認識哲學為例，語言哲學尤其是本體派對宇宙本原的論述在表明道家之道超言絕象、不可命名、不可言說和不可交流的同時，堵塞了人通過感官和言語接近道的可能性，致使頓悟、玄想和直覺思維成了唯一可能和必然選擇。換言之，老子、莊子關於言與道、言與物之精粗的論述和對言之能力的懷疑淡化了語言在認識過程中的作用，對語言能力的保留導致對語言所指之物及物之形象的輕視，致使超越現象而直指本質成為共同的意向和期盼。這種期盼在輕視感官和感性認識的同時，一起拋棄了理性認識，直覺、頓悟、玄想成為最盛行的認識方法和方式。老子否認感性認識，宣揚「不出戶，知天下；不窺牖，見天道。其出彌遠，其知彌近」（《老子·第47章》）。沿著這個思路，他提出了「滌除玄覽」的直觀方法，讓人洗心內照。莊子乾脆在去言去知中堅守不可知論而對世界不議不辯。

　　再以先秦的政治哲學為例，先秦語言哲學的影響主要表現在統治方法上。無論德行派之孔子還是本體派之老子、莊子都主張無為而治，無言便是其中的一項重要內容。有鑑於此，提倡禮樂教化的儒家崇尚自身正不令而從，身教勝於言教，不把諄諄教導、三令五申的言語命令視為教化或統治之方。老子更是反覆重申：「聖人行不言之教」，還把「不言之教」與「無為之益」（《老子·第43章》）相提並論。韓非一面主張「法莫若顯」，建議國君設立郎中每天在郎門之外宣讀法令，讓境內之民知法曉法；一面強調君主的統治之術深藏不露，在國君的喜怒哀樂不形於色中言是其一。術的深藏不露、不溢言表不僅與法的公開宣講形成鮮明對比，而且強化了不言在無為而治中的重要意義。

二、先秦語言哲學與後世哲學

　　德行派對言行關係的闡釋不僅影響了中國人的價值觀念和處世哲學，而且對後世哲學的思維模式和致思方向都產生了深遠的影響。例如，由于謙虛，反對言過其實的自我吹噓，孔子標榜「述而不作」。此後，述而不作、反對標新立異或另創體系成為中國古代哲學的一貫做法和學術風尚。如果說先秦的「述而不作」風氣在一定程度上助長了訓詁、考據和注疏之風的盛行而促成了考據學在漢代的興起的話，那麼，中國傳統哲學和文化始終如一的經學傳

統則是其後續的結果。

首先，在先秦倍受關注的名實之辯和正名思想成爲後來儒學和魏晉玄學共同關注的焦點。西漢儒學大師——董仲舒的「深察名號」直接承續了先秦語言哲學的名實之辯和正名主題，建構了語言哲學的儒學形態；玄學的主要傾向是齊儒道，在言意象的多維之辯中建構了語言哲學的道家形態。

董仲舒一面宣稱「王道之三綱可求於天」，一面在深察名號中爲君臣父子正名。董仲舒指出，作爲事物的普遍概念和具體名稱，號與名具有不同的內涵和外延：號的特點是「凡而略」和「獨舉其大」，名的特點是「詳而目」和「遍辨其事」。然而，它們都有與生俱來的合理性：「謞而效天地，謂之號。鳴而施命，謂之名。」（《春秋繁露·深察名號》）具體地說，「名則聖人所發天意」，即「鳴（稱）號而達天意。」（《春秋繁露·深察名號》）因此，制名不得馬虎，而要根據「《春秋》辨物之理，以正其名」（《春秋繁露·天地陰陽》）。名必須同事物之「理」完全符合，不可有秋毫之差。對此，他舉例說，君主之所以號稱天子，是因爲君主「視天如文，事天以孝道」；諸侯之所以號稱諸侯，是因爲他們「所候（伺候——引者注）奉之天子」；大夫之所以號稱大夫，因爲他們「厚其忠信，敦其禮義」，其美德「大於匹夫」，是以教化百姓；士之所以號稱士，原因在於：士，事也，他們的職責是做好本職工作，服從上級，不教化百姓；民，瞑也，稱之爲民，是因爲他們沒有覺悟、有待於教化。由此可見，名都是根據事物之理制定出來的，反映了事物的本質和實質。基於這種認識，董仲舒宣稱：「欲審曲直，莫如引繩；欲審是非，莫如引名；名之審於是非也，猶繩之審於曲直也。」（《春秋繁露·深察名號》）這就是說，正如木匠劃線的墨繩是衡量曲直的準繩一樣，名是檢驗是非的標準。因而，「隨其名號以入其理，則得之矣。」（《春秋繁露·深察名號》）在此基礎上，董仲舒主張：「事各順於名，名各順於天。」（《春秋繁露·深察名號》）順，從屬之義。在他看來，各種事物都應該從屬於自己對應的名號，即「器從名」（《春秋繁露·玉英》）。同時，名生於正，名本來就有正物的屬性和功能。董仲舒斷言：「名生於眞，非其眞，弗以爲名。名者，聖人之所以眞物也，名之爲言眞也。」（《春秋繁露·玉英》）這裡所說的眞，就是正。按著他的說法，制名的目的是爲了正名，即「是非之正，取之逆順；逆順之正，取之名號；名號之正，取之天地」（《春秋繁露·玉英》）。而聖人制定名號就是爲了通過對事物的命名，定天下之正。對此，他宣稱：「聖人之所名，天下以爲正。」（《春

秋繁露・定性》）總之，通過傚仿天地之命以制名，董仲舒在上天那裡爲名號取得了合法性和權威性；再通過事順於名把尊卑、貴賤等宗法等級觀念納入正名體系，實質上是通過正名爲名教在上天那裡找到了合理辯護。這些與玄學家調和名教與自然的做法無論初衷還是傚果都異曲同工。

魏晉玄學從理論重點到思維模式，從本體哲學、認識哲學到政治哲學、道德哲學無不帶有先秦語言哲學的痕跡。離開了先秦的語言哲學，便無法理解魏晉玄學。先秦語言哲學對言之許可權的劃分開啓了魏晉玄學的本體構思。魏晉玄學的本體建構可以歸結爲有無之辨，本質上與老子、莊子代表的本體派對言的認識一脈相承。有無之辨是何晏、王弼、裴頠、郭象和張湛等所有玄學家都樂此不疲的話題，也是中國古代哲學最具形上神韻的華采樂章。儘管如此，無論玄學家對有、無概念的釐定還是有無之辨的思維模式都離不開本體派對言與道之關係的界定。對於魏晉玄學來說，有無之辨的有指名言之域，無指超言之域，這與本體派對言與道、言與物之精粗關係的看法相吻合。老子把無形無象的道稱爲無名，把有形有象的天地萬物稱爲有名。在此，名即是否可以用語言加以命名成爲區別本原之道與具體事物的標識。莊子指出，言能描述物之粗，不能表述道和物之精。這實際上是以言的勢力範圍爲座標把世界一分爲二：一是有形有象、可以言說的現象界，一是沒有形象、不可言說的本質界。這樣一來，世界呈現出言象之域與超言絕象之域兩個層次和方面，言象之域對應現象界，超言絕象之域對應本質界。本體派的這些思想啓迪並奠定了玄學的思維理路和理論側重。玄學家一面把有形、名言歸爲「有」這一範疇，用以指現象界；一面把無名、超言歸爲「無」這一範疇，用以指本體界。正是在此基礎上，以王弼爲首的貴無派、以裴頠爲首的崇有派和以郭象爲首的獨化派展開了更爲深入的「有無之辨」。

其次，先秦語言哲學眾多人等參與其中的言盡意與言不盡意之爭在玄學的認識領域得以淋漓盡致地發揮，言意之辨在此依舊是各派玄學家共同關注的中心話題和學術焦點。王弼等人的言意之辨自不用說，漢末至魏晉時還出現了用考核名實的方法研究問題的學術思潮——名理之學。「名理」一詞最早見於帛書《法經・名理》：

> 天下有事，必審其名。……循名廄（究）理之所之，是必爲福，非必爲材（實）。

> 故執道者之觀於天下，……能與（舉）曲直，能與（舉）冬（終）

　　始，故能循名殿（究）理。

　　據此可知，「循名究理」或「審察名理」就是按照名號、指稱的意義來判斷一個人的是非曲直。名理之學探討問題強調辨析名理，專門研究名理問題，是對先秦名家的繼續。漢末清談之風強調品評人物要考核名實，魏初由對具體人物的評論發展爲抽象探討人才標準和才性談論，是爲才性之學即名理之學。伴著名理之學的興盛，還出現了這方面的代表作——劉邵的《人物志》。

　　再次，作爲一種繼續和發揮，先秦語言哲學對名的重視以及正名思想在魏晉玄學中演變爲中心話題，並且成爲名教與自然的關係。名教與自然之辨對玄學的倫理、政治哲學都產生了長遠影響。在玄學的名教與自然之辨中，名教指以正名分、明尊卑爲主要內容的禮教。與名教相對應的自然主要指人的本然狀態或本性，也指天道自然、天地運行和萬物的產生都是自然而然的。關於名教與自然的關係，除了嵇康和阮籍認爲名教是束縛人的枷鎖、與自然對立，進而提出「越名教而任自然」之外，玄學家大都試圖調和名教與自然的矛盾。魏晉時最先提出名教與自然之辨的夏侯玄認爲，天地以自然運，聖人以自然用，天地是自然而然的，聖人的作用也是自然而然的。王弼則把名教與自然納入「以無爲本」的哲學體系，認爲自然和無具有同等的意義。具體地說，自然是體、是本，名教是末、是用，進而在「舉本統末」中用自然統御名教。與此同時，循著他的邏輯，聖人效法自然原則「因俗立制，以達其禮」，使眾人各安其位，返璞歸眞，名教復歸於自然。西晉的郭象認爲名教即自然、自然即名教，君臣上下、尊卑貴賤、仁義禮法都是「天理自然」，「任名教」就是任自然。這些觀點從本體哲學的高度爲名教提倡的上下、尊卑正名，也在「教」的名義下淋漓盡致地發揮了名的作用。

　　與玄學在名教與自然的關係中爲名教游說相呼應，伴著董仲舒的新儒學被定爲一尊，當名教成爲教化的主要內容、三綱五常作爲宗法等級的一部分被制度化時，肇始於先秦語言哲學的正名和名教在漢魏取得了意識形態的地位，成爲社會的強制力量和主流話語，不再也不許再分辨或爭論了。這便解釋了南北朝之後，中國的語言哲學日益邊緣化乃至淡出哲學視野的原因。

三、先秦語言哲學與中國人的語言觀念

　　先秦語言哲學對中國民眾的語言觀念產生了非同尋常的影響，乃至積澱爲心理結構和價值取向，在某種程度上決定著中國人的交往方式和處世原則。

　　如上所述，在先秦語言哲學中，如果說儘管面對「名實相怨」的現實、各家都堅信通過正名可以使名與實相符的話，那麼，言與意之間不可逾越的鴻溝卻總是若隱若現。在言意之辯形成的兩種針鋒相對的觀點中，言不盡意論的勢力遠遠超過了言盡意論。無論言不盡意論佔據上風還是得意忘言說都從語言哲學的高度折射了中國人的民族性格和價值取向。具體地說，言不盡意論強調語言的蒼白、膚淺和無能，先秦時期的莊子和魏晉時期的玄學家的得意忘言說突出了意的尊貴和優於言的價值。言不盡意論與得意忘言說相互印證，共同鑄造了中國人對言的輕視和對意的推崇。

　　就對言的態度而言，言不盡意論對言的輕漫與德行派對言的謹慎表現在心理傾向和價值取向上便是崇尚慎言、訥言乃至無言，恪守言多必失，禍從口出被奉為至理名言。就像有人說的那樣，在中國，有些事可以想，甚至可以做，就是不可以說。

　　就對意的態度而言，對意的推崇使中國文化注重意境，說話講究言外之意，聽話在意弦外之音。在交往中，不尚言談，一切盡在不言中，追求此處無聲勝有聲的境界。正如道無為才能無所不為一樣，中國人渴望以無聲達到勝似萬語千言的效果。由哲學表達出來的這種價值取向影響到傳統文化的方方面面。例如，在詩歌方面，追求意境，禪詩的興起更是將這一意趣訴求推向了極致。在繪畫方面，在講究留白的同時，注重寫意而非寫實，追求神似而非形似等等。

　　進而言之，無論對言的輕視還是對意的推崇表現在性格特徵和日常交往中便是表達含蓄，不善於——準確地說，不推崇語言交際，習慣於用行動表示，遵循用事實說話的邏輯。在路遙知馬力、日久見人心中不求一見如故，但求日久天長。從性格學的角度來看，與西方人相比，中國人大都性格較為內向，蘊藉內斂，不事張揚，像西方那樣面對牧師或心理醫生的心理傾訴歷來沒有引起足夠的重視。

　　言意之辨和中國語言哲學的道德本位影響了中國人的處世原則和交往方式，突出表現便是：言行一致，反對誇大、歪曲或說謊。中國不喜歡「語言的巨人，行動的矮子」，實際上就是反對說空話、大話、誇誇其談，而是提倡腳踏實地的實幹。這鑄就了中華民族重實際、不浮誇的樸實無華和重承諾、一諾千金、一言九鼎的誠信和守約美德。

第二十七章　先秦哲學與語言

　　人的認識、描述和思想表達都離不開語言，難怪西方哲學家驚呼語言是存在的家。與其他學科一樣，哲學需要語言的認知、描述和意義表達；與其他學科不同，哲學的形上性增加了語言表達的難度，以至於如何表達成為哲學揮之不去的問題之一。這使哲學與語言締結了不解之緣。儘管如此，在不同譜系和文化傳統的哲學中，哲學與語言關係的表現並不相同，有時會呈現出較大差異。中西哲學與語言的關係即是典型的例子。在西方哲學中，古代的本體論形態和近代的認識論形態都不以語言哲學為中心，只有到了現代哲學中，語言才受到高度重視而發生語言學轉向。如果說語言哲學在西方是哲學重心第二次轉移的產物、與現代哲學相伴而生的話，那麼，語言哲學在中國哲學中則從一開始——在初始的先秦時期就受到極大的關注而成為「顯學」。與西方語言哲學由弱至強的發展走勢形成鮮明反差，中國語言哲學遵循著由顯而微的發展軌跡——在先秦即顯赫輝煌，卻沒有堅持到底，魏晉之後漸漸淡出哲學視野，在南北朝隋唐乃至宋元明清時期一直了無蹤跡。中西哲學與語言關係的差異體現了不同文化背景下語言哲學的獨特個性和神韻，也折射出中西哲學迥然相異的價值取向和思維方式。

第一節　西方哲學與語言

　　對於西方哲學的分期，一般的理解的是，古希臘羅馬和古世紀為古代時期，以培根、笛卡爾哲學為標誌進入近代階段，興起於 19 世紀 2、30 年代的唯意志論和實證主義開啓了現代哲學之門。

　　首先，西方的古代、近代和現代哲學具有不同的理論興趣和基本形態，

與語言的關係天差地別。

　　古希臘羅馬哲學和中世紀神學屬於本體論形態，是西方哲學的古代階段。這一時期的哲學以追尋始基為目標，哲學基本問題圍繞著世界的本原是什麼、世界由哪些終極成分構成而展開。由於不僅把世界歸結為始基、而且始終關注存在問題，西方古代哲學建構了本體論的哲學形態和樣式。

　　在近代階段，哲學的基本問題和中心話語從古代哲學的世界從何而來、世界什麼樣換成了「我是如何知道的」、人的認識來源於什麼和人的認識能力究竟有多大。諸如此類，不一而足。正是圍繞著認識的來源、認識的方法和認識的界域等問題，近代哲學沿著經驗論與唯理論、可知論與不可知論兩條主線展開。中心話語和理論重心的轉變說明近代哲學已經從古代的本體論轉向了認識論，呈現為認識論形態。

　　現代哲學儘管交織著人文主義與科學主義兩種不同的致思理路，儘管二者採取的方法和手段有分析式與現象學式之別，然而，現代哲學家對人的日常生活的關注卻別無二致。例如，在對於知識與真理、確定性問題、自然與人等等問題的回答上，無論人文主義還是科學主義最終都歸結為人的存在。人文主義和科學主義的共同努力為西方的現代哲學披上了厚重的人學形態。

　　至此可見，西方哲學在古代、近代和現代階段具有迥然不同的學術興趣和理論重心，依次呈現出本體論─認識論─人學等不同形態。如果說古代哲學的中心是始基、存在和世界的話，那麼，近代哲學的中心則是世界和人即人與世界的關係；如果說人在近代哲學中與世界分庭抗禮的話，那麼，現代哲學則是人的汪洋大海。換個角度可以說，西方哲學的發展歷程是一個人在哲學的視界中逐步被發現、被重視，故而人的地位不斷提升的過程：古代哲學對始基的熱衷淡漠了人的存在，人充其量只是物的一種──儘管有些特殊；近代哲學對人與世界有無同一性的追問使人作為主體與世界分庭抗禮，呈現出人物二元傾向，結果是人與世界平分秋色；現代哲學對人的熱切關注使人成為唯一主體，乃至唯一存在。換言之，古代哲學是物學，其視界中的主體是物──借用古希臘哲學家的術語即自然；近代哲學是人─物學，其視界中的主體是人和物；現代哲學是人學，其視界中的主體只有人。西方哲學在不同歷史階段的理論側重和基本形態的更迭表明，古代、近代和現代哲學具有不同的致思方向和價值取向：古代哲學崇尚自然、存在和物，近代哲學崇尚認識和知識，現代哲學崇尚人本身。

　　進而言之，古代、近代和現代哲學不僅具有不同的理論重心、價值旨趣，而且呈現出明顯的思維方式之異。具體地說，古代哲學用羨慕的眼光旁觀世界，思維方式是人物一元，最終用世界淹沒了人的存在。近代哲學用審視的眼光認識和改造世界，人能否認識或如何認識世界還原爲人與存在、人與世界有無同一性的問題。當然，在近代哲學的回答中，有不可知論者如休謨的否定回答，也有可知論者的肯定回答。可以肯定的是，無論否定還是肯定回答都以人與世界的二分爲前提——如果沒有分這個前提，同一性就成爲虛假的僞問題。現代哲學以人創生世界，世界統一於人，或者說世界即人的世界；離開人，世界將蕩然無存。這是向古代哲學人物一元的復歸——不過不是人歸於世界，而是世界歸於人。

　　西方哲學的發展歷程是一個逐步凸顯人的過程，語言地位的攀升與人的地位的提升成正比。一言以蔽之，如果說從本體論到認識論是西方哲學理論重心的第一次轉移的話，那麼，從人的認識、主客體關係轉至語言則是第二次轉移。在經過第二次轉移的西方哲學中，世界的本質、萬物的始基漸漸淡出，認識問題也隨之日益邊緣化，表述、交流變得更爲根本。之所以如此，是因爲現代哲學以人爲本，尤其對人的日常生活世界領域注入極大的熱情。現代哲學家關注的人不僅是大寫的，而且作爲主體與世界相關聯。於是，人的生存狀態、喜怒哀樂、內心焦慮被納入哲學視野，乃至成爲關注的焦點。在現代哲學中，人與人的關係成爲生存於日常生活世界中的人的主要關係。正是這種維度注定了現代哲學與語言的密不可分，乃至哲學最終蛻變爲語言哲學。

　　在古代的本體論階段，人的存在是被動的，也是渺小的；作爲始基的派生物，人屬於第二性的存在甚至被邊緣化，處於世界的一角而倍受冷落。在近代的認識論階段，人的存在由被動變爲主動，作爲主體處於哲學思考的核心地位——確切地說，人是認識或實踐的主體，並非存在的主體。在現代哲學中，人不僅是認識、實踐主體，而且是存在主體。正是人的完全主體化使人佔據了現代哲學的全部視野，成爲唯一的主體；正是由於對人的關注和人之價值的弘揚，主體間性（intersubjectivity）即主體之間的可交流性成爲哲學家思考的主要問題。不僅如此，現代哲學是人學，世界因人而存在。由於不同的人有自己的世界，伴著主體間交往的需要，語言哲學將——其實已經正在佔領哲學的主戰場，成爲當代哲學的主流。這一點是許多哲學大師的共識。

例如，解釋學大師伽達默爾認爲，作爲哲學思考的中心問題，語言在 20 世紀處於哲學的中心地位。法國哲學家利科宣稱：「當今各種哲學研究都涉及一個共同的研究領域，這個研究領域就是語言。」「今天，我們都在尋求一種包羅萬象的語言哲學，來說明人類的表示行爲的眾多功能以及這些功能之間的關係。」

其次，通過上述梳理可以看出，在西方哲學發展的不同階段，哲學的理論重心、關注熱點乃至思維方式均有本質差別。正是這些不同使古代、近代和現代哲學顯示了各具特色的階段特徵。當然，與語言的關係也在其中，可以成爲劃分哲學階段的標準──儘管不是唯一的。

在哲學與語言的關係上，對西方哲學的歷史回顧澄清了兩個基本事實：第一，在尋找萬物始基的古代哲學和以認識哲學爲中心的近代哲學中，語言不是中心話題。這表明，語言與西方古代哲學追逐的宇宙始基沒有必然關係。第二，語言哲學的異軍突起與人的地位的提升成正比，正是現代哲學的人學形態催生了語言學轉向。換言之，在西方哲學中，現代哲學的人學形態與語言學轉向是同步的，或者說是一個問題的兩個方面。由此可以推斷，人與人之間的交流和主體間性使語言發揮越來越重要的作用，直至成爲哲學的中心話題；語言與人、與人的交往密切相關，只有在人學形態或洋溢人文情懷的哲學中，語言才能成爲核心話題或主體內容。

尚須進一步澄清的是，鑒於哲學與語言的特殊關係，任何文化或階段的哲學都不可能與語言毫無關涉。就西方哲學而言，雖然直至現代階段語言問題才眞正凸顯出來，但是，無論以本體論還是認識論爲中心的古代哲學、近代哲學都不可能完全排斥語言問題。事實上，古希臘、中世紀和近代哲學家都不止一次地論及語言問題。古希臘智者高爾吉亞發現了語言與其表達的東西之間的非同一性，並且得出了如下認識：「我們告訴別人時用的信號是語言，而語言並不是給予的東西和存在的東西；所以我們告訴別人的並不是存在的東西，而是語言，語言是異於給予的東西的。」〔註1〕柏拉圖早就發現，書寫文字是一種有嚴重缺陷的外在符號。亞里斯多德對理解和解釋問題的探討更爲深入。中世紀基督教的經典《聖經》在《創世記》中講述了巴比塔的故事：人類齊心協力想建造一座通天之塔，這使上帝很惱怒。於是，上帝「變亂人們的語言」，使人類互不理解、相互爭吵，最終使建塔的事業流於荒廢。

〔註1〕《西方哲學原著選讀》商務印書館 1984 年版，第 57 頁。

巴比塔的故事以神話的形式點破了語言在人類生活和文明形成中的重要作用。古代哲學的這些觀點是對語言的關注，也證明了哲學與語言的內在關聯。西方近代哲學同樣對語言予以關注，法國啓蒙思想家盧梭認爲文字的發明使人失去原始時代人與人之間眞切自然的關係即是明證。一方面，與現代哲學一樣，古希臘羅馬哲學、中世紀哲學乃至近代哲學對語言的關注證明了哲學與語言的內在關聯。另一方面，古代和近代哲學對語言的關注與現代哲學具有本質區別，無論形式還是內容都不可同日而語：

　　從理論側重和關注形式來看，語言在古代和近代哲學那裡不是中心話語，那時的哲學家充其量是在探究世界和人的認識時談及語言的，屬於個別現象或個人行爲。到了現代哲學階段，語言成爲中心話題，幾乎每一位哲學家或哲學派別都談論語言話題。例如，唯意志論者尼釆認爲，「哲學家受制於語言之網」，並由此假設哲學思想和世界觀的類似關係與語言的親緣關係是相對應的。列維‧斯特勞斯指出，書寫文字在造福人類的同時，從人類身上奪走了某種基本的東西，也就是潛伏在所有人身上、並非原始人獨有的類比思維。對此，凱西爾稱之爲「隱喻思維」。人們看到，在千流百派、異彩紛呈的現代哲學中，探究語言問題成爲共識，屬於普遍現象或群體行爲。

　　從思想內容和作用影響來看，在古代和近代哲學中，語言是思想表達的手段或工具，充其量是人認識世界的憑藉和中介。現代哲學把語言視爲人的存在方式和存在的依託。這意味著「語言是存在的家」（海德格爾語），存在依賴語言而存在，而不是語言依賴存在而存在。這是對古代和近代哲學的根本性顛覆。更爲重要的是，作爲現代哲學語言學轉向的證據之一，語言在現代哲學中不再限於認知領域，而是輻射到方方面面——不僅作爲形而上學本身成爲形而上學的首要問題，而且滲透到倫理學、政治學、心理學和邏輯學等諸多學科。作爲西方現代哲學的最大家族之一，分析哲學理論龐雜、流派眾多。儘管如此，分析哲學家都把全部哲學問題歸結爲語言問題，無論邏輯經驗主義（又稱邏輯實證主義）還是日常語言學派（又稱語言分析學派）都以語言分析作爲哲學的方法，進而把分析、研究語言視爲哲學的首要任務，甚至是唯一任務。按照分析哲學家的說法，哲學的混亂產生於濫用或誤用語言，許多哲學爭端都可以還原或歸結爲語言問題。有鑑於此，或者把哲學的內容歸結爲對科學語言進行邏輯分析，或者歸結爲對日常語言進行語義分析，總之哲學不是理論而是活動，哲學家的任務不是發現和提出新命題而是

闡釋思想——確切地說，是使已有的命題變得清晰。基於這種認識，分析哲學家反對建立龐大的哲學體系，主張解決哲學問題要從小問題著手，由小到大，逐一解決。這些看法使他們表現出用語言學取代傳統形而上學的意向，對語言哲學的重視可見一斑。不僅如此，分析哲學家對語言的傾斜最終導致對邏輯的推崇，致使他們的語言哲學研究轉向邏輯研究。具體地說，分析哲學家彰顯語言對哲學的影響，在對語言問題的研究中強調概念的明確性和推理的嚴密性。例如，羅素和前期維特根斯坦以及邏輯經驗主義者都重視形式分析或邏輯分析，熱衷於用純粹邏輯的觀點分析語言的形式，研究現實和語言的最終結構。摩爾和後期維特根斯坦以及日常語言學派注重概念分析或語言分析，將主要精力投入到研究概念的各種特徵和它們之間的相互關係，分析與認識有關的某些具體詞彙。儘管具體觀點和側重有別，然而，他們的做法把邏輯研究推向了重要位置。更有甚者，邏輯經驗主義者公開標榜要以自然科學特別是數學和物理學為模本建立自己的理論，以便使自己的概念和論證達到自然科學的精確程度。為了達到這一目的，他們將數理邏輯作為哲學建構的主要研究手段，並且創建了一套技術術語。至此，邏輯經驗主義者的哲學研究完全讓位於邏輯研究，也從一個側面展現了語言學向邏輯的延展。現代哲學的人學形態本身就決定了其與倫理學、政治學和心理學的密切關係，語言學轉向與其不可分割成為題中應有之義。

語言地位在西方哲學不同階段的變化軌跡在以文本與詮釋為視角研究書面語言的解釋學那裡可以得到更為直觀的說明：早在人類遠古文明時期就存在如何解釋卜卦、神話和寓言意義的問題。「解釋學」一詞的詞根——hermes就來自古希臘語，意為「神之消息」。當時，人們把研究如何使隱晦的神意轉換為可理解的語言看作一門學問。A·奧古斯丁、凱西昂等宗教哲學家對宗教教義進行新的解釋時，逐步把以往對解釋問題的研究系統化。宗教改革家馬丁·路德提出了如何直接理解《聖經》文本的原則和方法問題，對解釋學研究起到了較大的推動作用。以F·E·D·施賴爾馬赫和W·狄爾泰為代表的近代哲學家把解釋學作為一門理論來研究。前者致力於《聖經》釋義學的科學性和客觀性，提出了有關正確理解和避免錯誤的普遍性理論，使神學的解釋變成普遍解釋理論的一種具體運用。後者仿傚以自然科學奠定基礎的康德的「純粹理性批判」，建立了「歷史理性批判」的解釋學，中心議題是處於具體歷史情境中的解釋學如何能對其他歷史性表現進行客觀理解。現代解釋學

的開創者 M·海德格爾把傳統解釋學從方法論和認識論性質的研究轉變為本體論性質的研究，使解釋學由人文科學的方法論變為一種哲學，並發展為哲學解釋學。在他那裡，通過對「此在」的分析達到對一般「存在」的理解，並把理解視為本體論的活動。另一位德國哲學家 H·G·迦達默爾把海德格爾的本體論與古典解釋學結合起來，使哲學解釋學成為專門的哲學學派，並成為 20 世紀 60 年代以來歐美解釋學的基礎之一，影響甚廣。西方解釋學的演變歷史表明，古代解釋學側重聆聽神的聲音，是對自然崇拜的異化；近代解釋學關注認識和歷史背景，與認識論形態相伴而生，人而非神有了語言權；現代解釋學關注人，解釋變為對人的存在方式的解讀。正是這種蛻變促使人在現代哲學中成為主體，由此促使哲學發生語言哲學轉向。

第二節　先秦哲學的語言問題

　　如果說語言在西方哲學中只有到了現代的人學形態才成為主角的話，那麼，在中國哲學中，語言在先秦時期即成為哲學探討的中心話語和各家共同關注的焦點，兩漢、魏晉哲學沿襲了這一傳統。就先秦的語言哲學而言，不僅儒家、墨家、道家和法家都參與其中，而且出現了專門以思維的形式、規律和名實關係為研究對象的名家（又稱辯者）。諸子百家對語言的界說，或在言與德、與行、與禮、與政的關係維度中展示出來，或從宇宙本原與言的關係維度予以審視，或從語言構成的基本單位——名和語言的基本形式——概念、判斷、推理進行切入——總之，致使先秦的語言哲學聚訟紛紜、流光溢彩。聲勢浩大、人物眾多的先秦語言哲學分為三個主要流派，即孔子代表的德行派，老子、莊子代表的本體派，墨家、辯者、荀子和韓非組成的邏輯派。德行派主要從言對人的道德和國家政治環境的影響入手探討語言，本體派主要從言與宇宙本原的關係——言能否命名、指示或交流道立論，邏輯派則從思維形式——概念、判斷和推理入手探究語言。三大不同流派對語言問題的不同角度和側重使先秦語言哲學像在現代西方哲學中那樣與本體、認識、價值、邏輯、道德和政治哲學相互交錯滲透，覆蓋各個領域，發揮了重大的作用和影響。這從一個側面表明，語言研究在先秦屬於群體而非個人行為，是普遍而非個別現象。

　　無論對中國哲學如何分期，有一點是不容置疑且顯而易見的，那就是：

先秦哲學是中國哲學的源頭和初始時期，屬於古代階段。確切地說，先秦哲學是中國古代哲學的早期階段，相當於西方哲學的古希臘羅馬哲學。至此，人們不禁要問：為什麼在西方到了現代哲學中才出現的語言學轉向在中國出現在哲學的初始階段？語言問題成為先秦哲學的中心話題何以可能？先秦時期為何出現了形式多樣的語言哲學？這些問題的答案在中國與西方哲學的對比中將漸漸浮出水面。

如果說西方的語言哲學與始基沒有必然聯繫、只是與人學形態密切相關的話，那麼，中國哲學中的語言不僅與人學密切相關，而且與宇宙本原息息相通。在這個意義上可以說，是否與宇宙本原密切相關是中西語言哲學的不同特徵，也注定了語言與中國哲學的相伴而生。

在西方哲學中，無論古代的本體論形態還是近代的認識論轉向，語言都不是主角。這表明，西方的語言哲學與始基之間沒有必然的內在聯繫。如果說西方哲學的始基沒有引起對語言的高度關注的話，那麼，中國哲學的世界本原則注定了與語言的諸多瓜葛。具體地說，先秦哲學學派林立、號稱百家，推崇的世界本原只有兩個：一個是天，一個是道。天與道不盡相同，與古希臘哲學所推崇的始基相比都具有宏大混沌等特點，抽象性更大。作為具體存在，古希臘哲學的始基——水、氣、火、原子或元素等帶有可經驗、可感覺的特徵，加之與自然科學等實證科學的天然一體，如何用語言去描述它們並沒有引起哲人的足夠煩惱。與西方哲學的始基相比，中國哲學推崇的世界本原抽象性更大，內涵也更深邃。於是，如何把抽象的哲學表述清楚、讓他人明白成了問題。這就是說，在中國哲學中，世界本原思辨程度的驟增加大了語言表述和表達的難度，於是，能否言以及如何言成為哲學與生俱來的問題乃至難題。

中國哲學要解決如何言的問題，而這一問題在本體派那裡更為突出。這是因為，老子、莊子代表的本體派奉道為世界本原，聲稱道具有無形無象的特徵，其絕象注定了其超言。在這個意義上，道與語言之間沒有同一性。弔詭的是，物極必反。本體派關於道排斥語言的論述不惟沒有使言從道的存在中銷聲匿跡，反而使言與道一樣成為關注的焦點，乃至言成為道的一部分。可以看到，老子對道的界說從語言談起，道是在與言的關係中登場的。眾所周知，《老子》的第一句話即「道可道，非常道；名可名，非常名」（《老子·第 1 章》）。按照老子的邏輯，用語言進行言說或命名的道就不是作為萬物本

原的道了。如此說來，作爲天地本始的道，當然也就是無可言表的「無名」了。於是，老子聲明：「吾不知其名，字之曰道。強爲之名曰大。」（《老子·第 25 章》）在這裡，道因無名而擁有了道、大之名。其實，道因無名而引來的別名不只這些。於是，便出現了戲劇性的一幕：儘管是在否定的意義上議論語言的，老子對言的否定恰好證明了道與言的密切相關；儘管極力主張道無名、不可道，到頭來道卻因爲「無名」而使諸多別名紛至沓來。結果是，儘管一直被貶低、被限制，然而，言包括言與道的關係卻始終處於關注焦點。

與老子的語言哲學相比，本體派的另一位代表——莊子哲學的宇宙本原——道與言的關係更爲密切，語言哲學也更爲深入和全面：第一，在道的命名上，莊子堅持「道不當名」。莊子一面極力道的存在，一面斷然否認道有形象、聲音等感性特徵。道的無形、無聲和無爲注定了道的無名。這用他本人的話說便是：「知形形之不形乎！道不當名。」（《莊子·知北遊》）既然道不能用名稱來指謂，那麼，語言（名）便不能進入道的領地。可見，道本身就排斥語言（名、稱謂），因爲用任何名詞來稱謂道都不恰當。第二，莊子確信「道不可言」，「不當名」本身即暗示乃至注定了道的不可言說。由於道只有本體而沒有現象、只有存在而沒有屬性，所以，人們永遠也無法用語言去描述、界定或接近道。對此，莊子斷言：「道昭而不道，言辯而不及。」（《莊子·齊物論》）值得注意的是，莊子不是認爲語言不能認識和把握道，而是認爲通過語言所認識和把握的道不是道的本身。原因在於，語言掩蓋了道的眞相，對認識道造成破壞。在這個意義上，莊子宣稱：「道惡乎隱而有眞僞？言惡乎隱而有是非？道惡乎往而不存？言惡乎存而不可？道隱於小成，言隱於榮華。」（《莊子·齊物論》）按照他的說法，榮華、浮誇、誇大其詞或浮於表面使語言不能超越是非的狹隘和偏激，從而遮蔽了語言的本性。如果用這種帶有是非觀念的語言去描述道的話，勢必會使道的全面性和統一性遭到扼殺。同時，語言的主觀性又使道失眞。第三，莊子認爲「道不可聞」。他推論說：「使道而可獻，則人莫不獻之於其君；使道而可進，則人莫不進之於其親；使道而可以告人，則人莫不告其兄弟；使道而可以與人，則人莫不與其子孫。」（《莊子·天運》）如果道可以晉獻、傳遞、口授或贈與的話，那麼，人最先會使自己之至尊和至親——君、親、兄弟和子孫成爲受惠者。現在的問題是，人無法與其尊、其親分享道，這個事實證明了道是不可交流或傳授的。在此，莊子從命名、言說和傳遞三個維度論證了言與道的關係，各方面的情況相互

印證匯聚成一個共同的結論：言對於道無能為力——既不能表達道的存在，也無益於道的認識，更不能有助於道的交流。有鑑於此，莊子更是極力主張道對語言的排斥，否認道與語言之間具有同一性。

進而言之，本體派對言與道關係的認定大致框定了語言哲學的內容，也決定了他們對待語言的基本態度。具體地說，正如老子、莊子聲稱道的無聲無形、無象無名注定了言對道的命名、描述和傳遞捉襟見肘一樣，言的一切缺陷和不足——語言的真實性與實用性、話語的事實判斷與價值判斷的內在割裂都可以在言與宇宙本原——道的關係中得到說明。老子否認語言的認識功能，因為語言的真和善是脫節的：真實的話語失雅，文雅的語言失真，這些歸根結底取決於言與道的關係。在「信言不美，美言不信」（《老子·第 81章》）中，語言表達的道不真實也在其中。鑒於語言無法克服的致命缺陷，有智慧的人自然對它敬而遠之。這就是老子所說的：「多言數窮，不如守中。」（《老子·第 5 章》）基於這種認識，老子放棄言而選擇不言，致使無言成了最後的結局。至此，老子對言始於且側重本體領域的論證滲透乃至轉向了認識和人生領域。

與此同時，如果說在本體派那裡宇宙本原的超言從消極方面促成了對語言問題的關注的話，那麼，天地、四時的不言則從積極方面奠定了對語言的基本態度，再次使言或不言成為本體哲學的問題。莊子不僅認為道超言絕象，而且斷言天地、四時和萬物都有不言、不說之美德。對此，他解釋說：「天地有大美而不言，四時有明法而不議，萬物有成理而不說。聖人者，原天地之美而達萬物之理。」（《莊子·知北遊》）這就是說，道（包括天地、四時和萬物在內）品德飽滿、有所成就，卻從不言說。因此，「原天地之美而達萬物之理」的聖人便對道不加言說、議論或評價。這表明，不言、不說和不議本身並不是無知而是有知——基於宇宙之道的一種大智慧。

無獨有偶，儒家推崇的世界本原——天也有不言之品格，正是天之不言奠定了先秦語言哲學的德行派的代表——孔子對語言的基本態度和認識。據《論語》記載：

> 子曰：「予欲無言。」子貢曰：「子如不言，則小子何述焉？」子曰：「天何言哉？四時行焉，百物生焉，天何言哉？」（《論語·陽貨》）

據此可知，在對待言的態度上，孔子不尚言而欲無言。這包含兩層意思：

第一，生養並主宰萬物的上天不言不語，無論從按資排輩還是傚仿上天計，人都不應該冒言或妄言。第二，上天不言不語，萬物卻可以沐浴天的恩德——四時運行，萬物並生；教育或培養學生，何以用言呢？在這裡，是世界本原——上天的不言不語決定了孔子對待語言的謹慎態度，孔子不言有傚仿上天之意。在這個意義上，孔子的語言哲學帶有本體哲學的意蘊。正如孔子的弟子所言：「夫子之文章，可得而聞也。夫子之言性與天道，不可得而聞也。」（《論語・公冶長》）孔子之所以不言天道，是因為宇宙本原——天難知而難言，同時也不排除傚仿上天之不言方面的因素。

無論道的超言絕象還是天的不言不語都決定了宇宙本原與言的不可分割。對語言的認定與對世界萬物的推崇密切相關是中國哲學有別於西方哲學的顯著特徵，在某種程度上催生了語言哲學在先秦的興盛發達。從這個意義上說，中國語言哲學的早產與對世界本原的認定密切相關，也體現了與西方哲學的差異。

如果說世界本原注定了中國哲學與語言的血肉相連、足以使語言在先秦哲學中成為關注焦點的話，那麼，漢語言的特點在某種程度上則為語言哲學的顯赫推波助瀾。眾所周知，作為世界文明的發祥地之一，中國是世界上創立文字最早的國家之一。中國人發明了自己的文字，那就是作為象形文字的漢字。漢字最初刻在龜甲獸骨或鍾鼎等青銅器上，這使漢子的書寫異常困難，人們盡可能用較少的文字表達盡可能多的思想。後來，漢字寫在竹簡或絲綢上。由於絲綢非常昂貴，竹簡又難以攜帶，漢字的書寫和閱讀依然困難。特殊的歷史背景和客觀條件造就了漢語表達的簡約和精練，中國哲學以言簡意賅為尚為美。孔子把簡約視為語言的原則，「辭達而已矣」（《論語・衛靈公》）不僅是語言的原則，而且具有價值和美學意義。正因為如此，古漢語以單音詞居多，名稱、概念或術語都是單音詞，雙音或多音是極個別的現象。漢語的這種特點在身為外國人的西方思想家那裡感覺特別明顯。例如，熱衷並深諳中國的文化的李約瑟曾經指出：

> 儘管中國語言有許多缺點，但她與歐洲語言相比有一個很大的優點：她除了書寫形式有些變化外，基本上保持不變。任何有漢語閱讀能力的人在閱讀任何時代的文獻時，無論它是現在寫的還是幾十年前寫的，相對來說，沒有多少困難。但歐洲語言卻很難做到這一點。它們的書寫語言是隨著口語變化而變化的，因此，僅僅幾個

世紀，一種書寫語言實際上就變成了一種新的語言。而且，儘管漢語有許多模糊性，但她的簡約、精練、銘文般的特點以及由此產生的質樸無華的典雅、神韻、雄渾的效果，與任何其他語言相比，都是無與倫比的。〔註2〕

進而言之，如果說簡約、雄渾是漢語的優點的話，那麼，表達過於簡單所帶來的模糊性則是其與生俱來的缺點。在語言的運用中，一字多義極易產生歧義，甚至使歧義性成為漢語言的痼疾。例如，書在漢語中指書法，也可以指書籍或書信，具體含義如何要根據具體語境而定。更有甚者，早在春秋戰國時期，諸子百家對名詞的通用和互用即是普遍現象，這增加了語言的歧義性，即使是最基本的哲學範疇也不例外。例如，天、道和理是先秦哲學的基本概念，各家卻在不同的意義上使用它們：儒家和墨家之天指世界萬物的本原，並且常常帶有意志、道德或作為的屬性；道家之天指與人為相對的天然本性或狀態。儒家之道側重人道，又稱道義，指仁、義、禮、智；道家和法家之道側重自然無為之天道。儒家之理指仁、義、禮、智之義理，法家之理指事物外部屬性如長短、白黑或方圓等。名、概念的濫用共使、歧義叢生勢必造成名與實的脫節，也成為諸子百家相互爭鳴的原因之一。對於這種情況，當時的荀子就有深刻揭露，並且把之歸納為三種不同的類型（三惑）：第一，「惑於用名以亂名」，犯了偷換概念的錯誤。第二，「惑於用實以亂名」，用個別事實擾亂一般概念。第三，「惑於用名以亂實」，違背大家共同使用名詞、概念的習慣，利用名詞、概念的不同來抹殺事實。三惑均與概念的混亂有關，根本癥結是漢語言的歧義叢生。

對於中國古代哲學概念的含混模糊以及由此帶來的缺少內涵和外延的確定性，經過西方文明薰陶和洗禮的嚴復具有深刻理解，並且深惡痛絕。他指出：

> 人類能力，莫重於思辨。而語言文字者，思辨之器也。求思審而辨時，則必自無所苟於其言始。言無所苟者，謹於用字已耳。夫字各有義，方其用之也，固為吾意之所存。及其以之語人，無間為言為書，皆欲人之意吾意也。方吾為思，默然冥想，一若無所用於是字言者。然而無相合之言與字，以為之用，雖有聖哲，殆不可以思維。至於交談辯論，則無相當之言與字者，尤斷斷乎不足以喻人

〔註2〕《中國科學技術簡史》第 1 卷，劍橋大學出版社，1978 年版，第 14 頁。

也。論辯之誤，固亦多門。……然而人類言語，其最易失誤而事理
因以不明者，莫若用字而不知其有多歧之義。〔註3〕

正是爲了改變中國人的語言習慣，確保概念的確定性，嚴復大力提倡西
方的邏輯學。在他翻譯的八部西方名著中，就有兩部是邏輯學著作——1903
年翻譯了約翰·穆勒的《穆勒名學》，1908 年又翻譯了耶芳斯的《名學淺說》。

可以肯定的是，漢語言的特點及其歧義叢生不僅拉開了名與其實際所指
的距離，而且爲先秦哲學的爭鳴埋下了隱患。於是，早在先秦時期，名實關
係、名與其所指之實相符即倍受關注，語言哲學成爲各家爭論的焦點之一。

上述內容顯示，獨特的世界本原和漢語言的特點共同打造了中國哲學與
語言的密不可分，以至於從中國哲學產生的那一刻起，語言便與哲學相伴而
生。換言之，無論世界本原與語言的關係還是漢語言的特點都足以使語言成
爲中國哲學自產生那一刻起即揮之不去的熱門話題。尤其是當兩者相遇時，
借助對方的推波助瀾、相得益彰，語言哲學在先秦時期即成爲「顯學」順理
成章。不僅如此，先秦哲學對語言的關注相對於西方哲學來說是現代而非古
代或近代式的。之所以如此，根據和標準有三：一是人的、哲學的形上高度，
二是無所不在的覆蓋面，三是參與者趨之若鶩。

第三節　中西語言哲學的不同側重及中國語言哲學的特徵

中國哲學推崇的世界本原和中國語言的特點催生了先秦語言哲學，並且
注定了中國語言哲學有別於西方的顯著特徵：第一，在時間上出現較早。在
西方現代才蔚爲大觀的語言哲學在中國哲學的初始階段即先秦哲學中大行其
道，致使中國的語言哲學在時間上與西方的語言哲學發生錯位。第二，與宇
宙本原具有內在關聯。中國語言哲學的這一特點與西方古代、近代乃至現代
語言哲學與宇宙本原的了然無涉形成強烈對比。以上兩點構成了中國與西方
語言哲學的區別，然而，這只是問題的一個方面；問題的另一方面是，中西
語言哲學之間並非沒有相似性，對人的關注是二者的共同之處。如果說對人
的關注使語言在西方現代哲學中成爲主角、以至發生語言學轉向的話，那麼，
中國哲學早在先秦時期就關注人的存在成爲語言哲學盛行的原因之一。與中

〔註3〕《名學淺說》24 節。

國古代哲學的一貫宗旨無異，爲人尋找安身立命之所是先秦哲學矢志不渝的鵠的。換言之，先秦哲學的人學底蘊鑄就了與語言哲學的血脈相連。正因爲諸子百家像西方現代哲學家那樣關注人，語言才成爲先秦哲學津津樂道的問題。與人相關體現了中西語言哲學的一致性，從一個側面折射出語言哲學內在的人文情懷。這是中西語言哲學的共同特徵，也證明了關注人的存在和價值的先秦哲學必然給予語言哲學以重要一席。

值得提及的是，中國語言哲學既與宇宙本原密切相關，又與人學形態不可分割。用西方哲學的標準來衡量，這是矛盾的。對於西方哲學來說，在古代階段即古希臘的本體論形態，始基是中心，語言哲學沒有提到議事日程；在近代的認識論形態，語言哲學的地位沒有根本性的變化；伴隨著始基的祛魅和人的全面登場，語言成爲現代哲學的中心話題。西方哲學的演變歷程呈現出世界與人、物與語言此消彼長的態勢。這種局面的出現帶有某種必然性，歸根結底受制於天人二分的思維模式。中國哲學一面推崇本原，一面關注語言。除了本體派在本原——道與言的關係維度涉獵語言之外，最深層的原因是天人合一的思維方式和價值取向使中國哲學的宇宙本原之中蘊涵著人的存在及價值。在天人合一的層面上，諸子百家的世界本原與關注人是一致的。可以說，天人合一使中國哲學不僅沒有在推崇宇宙本原時冷落語言，反而使語言與本原、與人學密切相關。

進而言之，儘管先秦哲學與現代西方哲學都關注人的存在，然而，或天人二分、或天人合一的思維方式和價值取向注定了差異是中西語言哲學的題中應有之義。更有甚者，先秦特殊的歷史背景和中國文化的獨特氣質爲先秦語言哲學打上了厚重的中國烙印，呈現出與西方語言哲學迥異其趣的個性風采。

首先，從歷史背景和立言宗旨來看，春秋戰國時期出現了中國歷史上少有的禮崩樂壞的局面，劇烈變動的社會現實使名與其所指之實發生錯亂。這便是「名實相怨」。「名實相怨」的嚴峻局勢不僅發出了正名的要求，而且使名實相符成爲先秦語言哲學揮之不去的理想和主題。眾所周知，先秦語言哲學發端於孔子的正名呼籲，正是名實相符、如何相符使語言問題早在春秋時期就凸顯出來，成爲各家共同探討的話題。先秦語言哲學是諸子百家應對名實相怨的產物，也是對語言進行形上反思的結果。從這個意義上說，正名與人學一樣催生了先秦的語言哲學，並且與西方語言哲學拉開了距離。

　　其次，從理論側重和價值功用來看，迫切的現實呼喚和正名主張不僅使中國語言哲學的出現與西方發生時間上的錯位，而且在內涵意蘊上突出了倫理道德本位。先秦的三大語言哲學流派各有理論側重，倫理意蘊卻使他們殊途同歸。

　　正如孔子的正名呼喚是針對當時君不君、臣不臣、父不父、子不子的道德僭越提出的矯正之方一樣，正名本身是一個道德命題。正因為如此，孔子雖然是從上天不言發出「欲無言」的宣言的，但是，本體哲學領域不是他語言哲學的中心。實際上，孔子主要在人生、道德和政治哲學領域，從言與德、言與行、言與禮和言與政的關係切入語言問題。由於始終從道德維度來審視和對待語言，孔子語言哲學的倫理和道德內涵自不待言，作為中心話題的言行一致、名實相符等歸根結底都是出於道德的權衡。與此相關，孔子之所以主張無言、謹言和慎言及其對言予以限制，歸納起來，主要原因有三：第一，言對德的破壞。孔子斷言「巧言亂德」（《論語‧衛靈公》）是針對言對德的破壞；在言與德的關係上講究語言的樸實真誠，對花言巧語（佞）特別反感——認為花言巧語是道德的大敵，尤其與正直的品德相左。所以，《論語》中屢屢出現這樣的話語：

　　　　巧言令色，鮮矣仁。（《論語‧學而》）

　　　　巧言，令色，足恭，左丘明恥之，丘亦恥之。（《論語‧公冶長》）

　　孔子之所以反對花言巧語、巧舌如簧，是為了杜絕心口不一、言不由衷的現象。在這方面，孔子告訴人們「言思忠」，要講真話、實話，不說謊話、假話和沒有根據的話——「道聽而途說，德之棄也」（《論語‧陽貨》）。與人交談要保證內容真實、態度誠懇。第二，言對人的本質的掩蓋。孔子在自己學生那裡發現了言行分離的現象，震驚之餘，將「聽其言而信其行」改為「聽其言而觀其行」。這樣做不僅因為以光說不行為恥，而且因為恥於做得少、說得多的言過其實。為了避免說大話、說空話，孔子在言與行的關係上要求人在說之前想想是否能夠做到，最好是做了之後再說。有鑑於此，他一而再、再而三地強調：

　　　　先行其言，而後從之。（《論語‧為政》）

　　　　君子恥其言而過其行。（《論語‧憲問》）

　　　　古者言之不出，恥躬之不逮也。（《論語‧里仁》）

循著孔子的思路，行實在是太難了。由於怕自己說到做不到，有道德的君子總是顯得少言寡語。在此基礎上，孔子把語言謹慎與人的思想品質聯繫起來，呼籲對言語持謹慎態度：「君子一言以爲知，一言以爲不知，言不可不慎也。」（《論語·子張》）更有甚者，孔子把慎言與仁聯繫起來、視寡言爲仁的表現：

> 仁者，其言也。（《論語·顏淵》）

> 剛、毅、木、訥近仁。（《論語·子路》）

> 司馬牛問仁。子曰：「仁者其言也訒。」曰：「其言也訒，斯謂之仁乎？」子曰：「爲之難，言之得無訒乎？」（《論語·顏淵》）

第三，言對禮的破壞。孔子探討了言與禮的關係，主張「非禮勿言」。他強調言要符合禮的要求和規定，使言成爲「克己復禮」的具體條目之一。總之，在孔子看來，言與不言或如何言、言什麼對於人的道德、行爲和修養都會造成重要影響。可見，孔子對語言的態度與道德、倫理相關，言與德、言與行和言與禮的關係與表白「予欲無言」一樣都關係到人的道德修養。換言之，孔子讓人少說、慎言是從倫理學的角度考慮的，沒有從認識論的層面否認語言功能的意思。

其實，最能體現中國語言哲學倫理本位的不僅是孔子代表的德行派，而且還有老子、莊子代表的本體派：第一，儘管老子、莊子是從宇宙本原——道與言的關係入手探討語言問題的，然而，兩人的語言哲學並沒有停留在本體和認識領域。恰好相反，在體道、與天道合一的老子和莊子那裡，道與言的關係只是人安身立命的前提和參照，全部思想的落腳點是人如何以此爲根基與天道合一上。依據兩人的說法，道的超言絕象決定了語言對宇宙本原的無能爲力，進而決定了人言不可言之道帶來的必然是不良後果——不僅失眞，而且失德。這使言與不言始於本體哲學領域、以認識哲學和邏輯哲學領域爲中介，最終貫徹到倫理哲學和政治哲學等諸多領域。第二，儘管一貫以絕仁棄義的反道德面孔出現，然而，本體派尤其是莊子對待語言的態度和做法卻是出於道德的考慮——把言或不言歸結爲道德問題，選擇不言、去言、忘言和無言是爲了完善道德的需要。依據他的邏輯，由於道對言的排斥和言只能言物之粗而不能言物之精的侷限，人所說的只限於表面的、細枝末節的層次，根本不可能切入道或物之精髓。因此，不管說的具體內容是什麼，說本身就代表著膚淺和無知；相反，不言、不議和不說則直指根本，立意和角

度本身就有高屋建瓴的優越和擯棄淺陋的胸懷若谷。如此說來，不言是一種
道德修養，標誌著得道的、常人沒有達到的精神境界。《知北遊》的開篇寓言
生動地流露了莊子的這一思想傾向：面對知的發問，無爲謂不答，狂屈想回
答卻忘了欲說的話，黃帝逐一回答了「三問」，還從道的本質和仁義對道的戕
害等方面旁引博證說明了爲什麼如此。按照世俗的觀點，三人之中，黃帝最
知，狂屈次之，無爲謂無知。莊子則給出了另一番答案：無爲謂眞知，因爲
他不是不回答，而是「不知答」，認爲不需要用語言來回答——因爲用語言或
與人交流的方法來得道本身就是錯誤的；狂屈近乎知道，因爲他曾經想回答，
卻由於達到了「忘言」的道德境界最終因爲「忘其所欲言」而使知「不得問」；
黃帝和知則離道甚遠——一個因爲予以回答，一個因爲對道向他人發問。借
助這個寓言，莊子旨在強調，回答的具體內容——說了什麼或怎麼說並不重
要，重要的是對待語言的態度——無言還是欲言、欲言還是忘言。當然，莊
子最終還是心儀不言，次之忘言，反對欲言或放言。莊子對言的這種態度與
老子的「知者不言，言者不知」（《老子・第 56 章》）、「善者不辯，辯者不善」
（《老子・第 81 章》）都包含道德修養的意思。

　　至此可見，德行派與本體派對道德的具體規定相去甚遠，對語言與道德
關係的審視和認定卻如出一轍。同樣，儘管主要從邏輯角度探討語言問題和
名實關係，墨子代表的墨家建構的語言哲學的倫理旨歸卻昭然若揭。例如，
墨子對名實不符深惡痛絕，是因爲當今天下「一人一義，十人十義」；爲了糾
正名實不符的現象，墨子建議以取不以名，試圖以此達到天下一於天所欲之
義的目的。

　　上述內容顯示，儘管先秦語言哲學的各個不同流派各有理論側重，然而，
他們爲道德立言的理論初衷和審視維度卻驚人地相似。

　　再次，從權限認定和基本態度來看，先秦語言哲學或者揭示語言的破壞
性，或者著眼於語言的內在缺陷，總之對語言的消極面揭露得入木三分，卻
對語言的積極面缺乏認同。這是「名實相怨」的社會陰霾在語言哲學領域的
投影。如果說名實不符的陰影決定了先秦哲學極端在意語言的消極意義和負
面效果的話，那麼，這一社會現實與對語言的這一認定共同決定了先秦哲學
對語言始終持謹慎甚至否定態度。如上所述，孔子宣稱「君子欲訥於言而敏
於行」（《論語・里仁》），要求人們在敏於行的同時謹言、愼言和訥於言。在
對待語言的態度上，與孔子謹言、愼言和訥於言的保守、保留相比有過之而

無不及，老子把言與眞、善和美對立起來，視言爲無知、無德的表現；莊子更是把不言、去言、無言視爲道德完善的表現，忘、無、去等一系列否定詞的出現流露出他對語言的極端否定態度。

最後，從理論形態和言之原則來看，如果說語言在先秦哲學中成爲中心話題、引起百家的共同關注與中國哲學側重人生哲學密切相關的話，那麼，反過來，作爲其結果和回應，關注人的存在和道德的先秦哲學必然爲語言哲學打上道德的標籤和印記、從而使中國的語言哲學呈現出不同於西方的理論形態。

事實上，中國與西方語言哲學是不同的思維方式和價值取向對語言所進行的反思，屬於兩種不同的理論形態。具體地說，西方哲學是從人與世界的同一性即人能否眞實地反映世界切入語言問題的，側重語言與思維的關係。因此，西方語言哲學的中心話語是：語言能否眞實地反映世界？人能否通過語言或怎樣通過語言來調整世界的現實狀況？中國哲學側重語言與德行的關係，正名的初衷和歸宿決定了言行關係一直是中國語言哲學關注的熱點，言行一致是各家的共同期盼。與此相關，言行一致、表裏如一，不以言亂德、傷禮或害政等在中國倍受矚目。先秦語言哲學的這一學術傾向與中國文化側重道德實踐相互印證，從而凸顯了先秦語言哲學的倫理本位。這表明，西方語言哲學屬於邏輯—認知形態，關注認知之理使其對語言之眞流露出極大的熱情；先秦乃至中國語言哲學屬於人倫—道德形態，在對人自身的完善和道德追尋中探討語言是否眞實，在對言與德、言與行的關係的探討中更爲關注語言之美和善。換言之，如果說西方哲學執著於語言之眞的話，那麼，中國哲學則兼涉語言之眞善美。正因爲偏愛語言之眞，西方現代哲學分爲人本主義與科學主義兩大流派，語言哲學主要集中在科學主義一派。語義學研究語言或符號與所指之間的關係，把所有語言問題都還原爲是否能夠客觀地描述世界。指號學被分析哲學、結構主義所利用，並對人類學、社會學、美學和政治學產生了影響，研究始終圍繞著客觀性、統一性展開，語言作爲人外在的工具存在。即使是除了研究語言、符號與所指之間關係，還研究思維和行動的關係的普通語義學，與人的內在修養也沒有直接關係，與始終把語言與人的自身完善和主體生成聯繫在一起的中國語言哲學還是不可同日而語。這些差別表明，如果說西方語言哲學基本上屬於自然科學、側重認識和邏輯的話，那麼，中國語言哲學則屬於人文科學、側重道德和人生哲學。以名指道、

以名喻道是中國文化的倫理本位和人文情懷在語言哲學領域的具體反映。

中西語言哲學不同的理論形態和價值旨趣最終導致對哲學本身的認識分歧。具體地說，西方語言哲學儘管出現時間較晚，卻先聲奪人。現代哲學家大都把語言問題擴大化，最終呼籲取消形而上學或把哲學歸結為語言學。中國哲學在哲學的層次和意義上講語言，無言也是體道的一種方式。語言的作用是認知、描述、意義和評價。如果說認知和描述是西方語言哲學的強項的話，那麼，意義和評價則是中國語言哲學的最愛。

無論對語言的謹慎態度、對言之真善美的兼顧還是理論形態的道德本位和人倫側重都使中國語言哲學從主體出發，始終站在主體生成和道德完善的高度來審視語言。正因為如此，中國的語言哲學不僅強調所言的內容有無必要和有無水準，而且講究言者有無資格或有無能力。在具體的話語情境中，這一追求表現為說還是不說、說什麼和如何說等問題，主要視言之場合、真實、美善而定。老子、莊子對言的消極態度和孔子反對巧言、提倡慎言的做法都有強調言之真實、美善的意圖。先秦語言哲學關注有無能力或修養去言得真實和完美，並且關注言之環境和場合。「邦有道，危言危行；邦無道，危行言孫」（《論語・憲問》）道出了不同政治環境對言的影響。不僅如此，孔子注意根據不同對象和場合選擇不同的言說方式和內容。據《論語》記載：

　　　孔子於鄉黨，恂恂如也，似不能言者；其在宗廟、朝廷，便便
　　言，唯謹爾。朝，與下大夫言，侃侃如也，與上大夫言，誾誾如也。
　　（《論語・鄉黨》）

或畢恭畢敬，緊張得好像連話都說不出來了；或語言流暢，謹小慎微；或侃侃而談、和顏悅色，和盤托出。孔子非常善於在不同場合選擇不同的言說方式和內容，真誠自然、自如自在。並且，孔子在以不同身份出現或與不同的人說話時運用了不同的方式。在中國傳統文化中，所謂不同場合不僅指不同的地點和場所，而且指不同的言說和交流對象。講究言之場合本質上是對言之資格的過分關照和注重。與注意言之場合相一致，孔子善於根據不同身份的交流對象選擇不同的言說內容和方式，於是，《論語》中不止一次地記載：

　　　可與言而不與之言，失人。不可與言而與之言，失言。知者不
　　失人，亦不失言。（《論語・衛靈公》）

　　　侍於君子有三愆：言未及之而言謂之躁，言及之而不言謂之

隱，未見顏色而言謂之瞽。(《論語・季氏》)

按照孔子的說法，言或不言以及話語方式、講述或談論話題的選擇應該根據交流對象而定，應該說而沒有說或可與言而未與言是失人，不可交流或不懂擇言是失言；言之道理的深淺必須視交流對象的理解水準而定——這便是「中人以上，可以語上也。中人以下，不可以語上也」(《論語・雍也》)的眞實含義；言之話題和時機的選擇必須顧及對方的興致和臉色，應該見顏色而言而非「瞎」說——「瞽」。

對言者身份和資格的認定體現了中國語言哲學的倫理本位，並且與中國傳統文化的等級倫理一脈相承。具體地說，鑒於世界本原與人以及人與人之間的不平等，言在中國哲學中的等級意蘊包括兩個方面：第一，天地不言卻同樣是人之命運的主宰和人的傚仿榜樣，不言是身份、尊嚴和風度的象徵。法家強調法律的清楚明瞭和公開，承認語言的作用（法律條文的頒布和郎中的朗讀等）。儘管如此，法家推崇的君主之術卻藏而不露（包括語言），不言才能盡顯其權威和莊嚴。在這裡，不言不是無資格，更不是無能力，而是帶有不屑言之意。第二，說話的權利與身份、尊嚴成正比，並非人人皆有權利表達自己的思想、意圖和願望，有權利說是身份和地位的象徵。古希臘城邦制度意味著話語成爲重要的政治工具，語言使用的普遍性意味著人人參政議政的可能，民主政治表現爲一種在廣場和公眾集會中的口才比賽和論據對抗。在中國，與此形成強烈反差的是一言堂。權利大、地位高、年齡長者先說、多說，無權者、年幼者少說、不說。長者先言，幼者後言甚至沒有表態的權利。長此以往，上下、尊卑之間失去平等交流和交談的機會，以至於家長與子女之間缺少必要的對話和交流。在古代社會，父母很少與子女進行面對面的平等交談也有保持距離以顯長幼、尊卑之意。這些做法與無言、不言和謹言、愼言在某些方面具有相通、暗合之處。

總之，由於文化背景和思維方式的差異，語言在不同文化圈中的表現也各不相同。先秦語言哲學展示了中國語言哲學不同於西方的獨特意蘊和氣質，既體現了中西哲學與語言的不同關係，也折射出中西哲學不同的價值旨趣和理論好惡。

綜上所述，在與西方哲學的對比中，語言哲學在先秦何以可能逐漸浮出水面：獨特的宇宙本原沒有像始基那樣使哲學與語言絕緣而是使言頻繁出現，漢語言的特點造成的概念的歧義叢生加劇了語言哲學的出臺，始終如一

的人學形態推動了語言在先秦的湧動，急劇變化的社會現實造成的「名實相怨」的張力加快了語言哲學的腳步。正是這四種動因的合力促使語言哲學在先秦捷足先登，並且共同打造了中國語言哲學與生俱來的不同於西方的特色和氣質。

第二十八章 先秦人性哲學

中國哲學對人性問題的重視由來已久，早在先秦就已開始，儒家的人性哲學無疑是其中最亮麗的一道風景。作爲先秦研究人性問題的儒家代表，孟子「道性善」，荀子主性惡，由此拉開了人性的善惡之爭。其實，孟子與荀子的人性哲學不僅有分歧、有對立，而且有一致性和相通性。孟子性善說與荀子性惡論之間的異同關係既在與道家、法家的比較中突出了儒家的理論特色，又在與秦後哲學的比較中展示了先秦人性哲學的共同特徵。當然，孟子與荀子創建的兩種不同的人性論樣式奠定了後續人性哲學的基本理論走勢。

第一節　不同判斷和論證

《孟子》書曰：「孟子道性善，言必稱堯舜。」（《孟子·滕文公上》）性善是孟子對人性的基本看法和總體評價。對於人性，荀子旗幟鮮明地指出：「人之性惡，其善者僞也。」（《荀子·性惡》）在此，荀子申明了自己的兩點主張：一是人性是惡，一是善是人爲。其實，這兩點主張可以歸結爲一個結論——人性惡。善是人爲，是對人性惡的補充。荀子之所以在論證人性惡的同時指出善是人爲，與人性惡一樣出於對孟子的觀點有感而發，甚至可以說是爲了反駁孟子的觀點。

首先，孟子的性善主張是針對告子的人性論提出的，這使孟子的性善說面臨著雙重任務，既要反駁告子的人性主張，又要對自己的性善主張進行論證。對於後者，孟子沿著邏輯推理與行爲經驗兩個不同的方向展開：

其一，在邏輯推理上，孟子以同類的東西具有相似性爲前提，推出仁義之善爲人心所固有的結論。

孟子把先秦流行的類推原則運用到自己對人性問題的論證中，使同類相

似成爲他的人性哲學的邏輯前提。正是在這個意義上，孟子宣稱：「故凡同類者，舉相似也，何獨至於人而疑之？聖人與我同類者。」（《孟子·告子上》）這就是說，凡是同類的東西都是相似的，因而具有相同的屬性、特點和功能。

同類相似是中國哲學的一貫思路和邏輯原則，墨子乃至荀子等人的類推或推類思想都不出此範圍。所不同的是，墨子和荀子側重認知和邏輯領域的演繹，孟子則把同類相似運用於人性領域、並且奉爲論證人性善的邏輯前提。正是循著同類相似這個邏輯前提，孟子得出了聖人與我是同類的結論。聖人與我同類的言外之意是，聖人與我具有相似性。那麼，聖人與我所同然者又是什麼呢？對此，孟子進一步展開了如下論證：雖然眾口難調，但是，人人都愛吃名廚易牙做的食物，可見天下人之口具有相同的嗜好；天下人都愛聽師曠演奏的音樂，可見天下人之耳具有相同嗜好；看見子都的人都說他是位美男子，可見天下人之目具有相同的嗜好。既然天下人之口、耳和目都有相同的嗜好，爲什麼說到心就沒有相同的嗜好了呢？這在邏輯上講不通。唯一合理的解釋是，天下人之心與口、耳、目一樣具有相同的嗜好。進而言之，天下人之心的這個相同嗜好是什麼呢？那就是：理義。在孟子看來，聖人與我都有仁、義、禮、智之心，人心都悅以仁、義、禮、智爲核心的理義。於是，他斷言：「口之於味也，有同耆焉；耳之於聲也，有同聽焉；目之於色也，有同美焉。至於心，獨無所同然乎？心之所同然者，何也？謂理也，義也。聖人先得我心之所同然耳。故理義之悅我心，猶芻豢之悅我口。」（《孟子·告子上》）按照孟子的說法，正如天下人之口、耳、目具有相同的嗜好一樣，理義是天下人之心的共同嗜好，也是聖人與我心所同然。天下人之心都好仁義表明，人心都有向善的本能，人性是善的。

其二，在行爲經驗上，孟子通過具體例子反覆證明善出自人的先天本能，仁、義、禮、智之善爲人心所固有。

支撐孟子人性理論、使他堅信人性善的兩個著名的例子分別如下：

> 所以謂人皆有不忍人之心者，今人乍見孺子將入於井，皆有怵惕惻隱之心。非所以內交於孺子之父母也，非所以要譽於鄉黨朋友也，非惡其聲而然也。（《孟子·公孫丑上》）

> 舜之居深山之中，與木石居，與鹿豕遊，其所以異於深山之野人者幾希。及其聞一善言，見一善行，若決江河，沛然莫之能禦也。（《孟子·盡心上》）

　　第一個例子證明，人面對孺子入井自然會產生惕怵之心，不由自主地上前救助。對此，孟子分析說，人之所以對小孩發出救助的行為，絕非與小孩的父母有交情，也不是想在鄉里鄉親面前沽名釣譽，更不是討厭那個小孩的哭聲。既然如此，行為背後的動機和真正原因是什麼呢？第二個例子揭示，常年獨居深山老林中的舜在家與土石為伴、出門與野獸為伍，無異於沒有經過教化和文明洗禮的野人。可是，當他聽一善言、聞一善行時，心中之善就像江河決堤一般勢不可擋。這又是為什麼呢？按照孟子的說法，這兩個問題只有一個答案，那就是：人都有善良的不忍人之心，人的善舉沒有任何功利之心，完全出於先天本能。

　　正是在邏輯推理與行為經驗的雙重印證下，孟子完成了自己關於人性善的理論闡述和證明。

　　其次，對於荀子來說，面對性善說的先聲奪人，性惡論的論證顯得尤為必要和緊迫。

　　荀子對人性的論證從澄清概念內涵入手，始於對性偽、善惡的界定。對於性與偽，荀子界定說：「生之所以然者謂之性。性之和所生、精合感應、不事而自然謂之性。性之好、惡、喜、怒、哀、樂謂之情。情然而心為之擇謂之慮。心慮而能為之動謂之偽。慮積焉、能習焉而後成謂之偽。」（《荀子・正名》）在荀子的視界中，性是生而自然、與生俱來的，屬於先天的範疇；偽是人心思慮、選擇和作為的結果，屬於後天的範疇。性與偽是兩個不同的概念，具有不容混淆的本質區別。一言以蔽之，性出於自然之本能，偽出於後天之積習。與此同時，荀子對善與惡進行了界定：「凡古今天下之所謂善者，正理平治也；所謂惡者，偏險悖亂也。是善惡之分也已。……今當試去君上之勢，無禮義之化，去法正之治，無刑罰之禁，倚而觀天下民人之相與也；若是，則夫強者害弱而奪之，眾者暴寡而嘩之，天下之悖亂而相亡不待頃矣。用此觀之，然則人之性惡明矣，其善者偽也。」（《荀子・性惡》）按照這個說法，善是符合仁義禮智、維護社會治安，惡是違背仁義禮智、危害社會安定。

　　澄清了性與偽、善與惡的概念內涵之後，荀子以性偽、善惡的定義為標準，通過對性偽、善惡進行比對，證明善與性沒有交叉，善只是人為、不屬於人性的範疇。依據荀子對人性進行的分析和鑒定，如果對人性中先天固有的本性任其自然、不加節制，勢必帶來分爭，影響社會治安。這證明人性中先天具有為惡的萌芽，故曰人性惡。至此，通過給性偽、善惡等概念下定義，

荀子完成了兩方面的論證：第一，人性爲惡。第二，善是人爲──總之，善不屬於人性範疇。

兩方面的結論相互印證，人性惡已成定局。儘管如此，荀子並沒有就此停下探究，而是從各個角度反覆對人性惡予以闡釋和論證。

其一，從人性的具體內容來看，人性中先天包含利欲成分。對此，荀子指出：「饑而欲食，寒而欲暖，勞而欲息，好利而惡害，是人之所生而有也，是無待而然者也，是禹、桀之所同也。」（《荀子·榮辱》）在荀子看來，人與生俱來的欲、利本性潛在著巨大危險，如果不能有效地對峙加以節制，勢必危害社會或衝擊仁義之善。

其二，從人的後天追求來看，人對仁、義、禮、智的追求不能證明這些是人性所固有，反而恰恰證明了人性中沒有這些東西。荀子指出，相反相求，人對自己沒有的東西夢寐以求，對自己已有的東西則興趣索然。正如富有者不再追求財富，權貴者不再夢想權勢一樣，貧窮者夢想發財，卑賤者夢想權貴。人對仁、義、禮、智孜孜以求，恰好證明仁、義、禮、智不在人性之中。這在《荀子》中的表達是：

> 凡人之欲爲善者，爲性惡也。夫薄願厚，惡願美，狹願廣，貧願富，賤願貴，苟無之中者，必求於外；故富而不願財，貴而不願勢，苟有之中者，必不及於外。用此觀之，人之欲爲善者，爲性惡也。今人之性，固無禮義，故強學而求有之也；性不知禮義，故思慮而求知之也。然則性而已，則人無禮義，不知禮義。人無禮義則亂，不知禮義則悖。然則性而已，則悖亂在己。用此觀之，人之性惡明矣，其善者僞也。（《荀子·性惡》）

其三，人性中沒有向善的因素，善是聖人後天人爲的結果。荀子特意強調，人之性惡，聖人之性也是如此。聖人制定了仁、義、禮、智之善並非聖人性善，因爲善源於聖人之僞而非出自聖人之性。爲了闡明其中的道理，荀子運用陶匠製造器皿的比喻解釋說：

> 夫陶人埏埴而生瓦，然則瓦埴豈陶人之性也哉？工人斲木而生器，然則器木豈工人之性也哉？夫聖人之於禮義也，辟亦陶埏而生之也，然則禮義積僞者，豈人之本性也哉？……然則聖人之於禮義積僞也，亦猶陶埏而生之也。用此觀之，然則禮義積僞者，豈人之性也哉？……故人之性惡明矣，其善者僞也。（《荀子·性惡》）

其四，從現實存在來看，聖王、禮義是爲了矯正人性之惡的，這些存在本身就已經雄辯地證明了人性中包含爲惡的可能性。對此，荀子寫道：「直木不待檃栝而直者，其性直也。枸木必將待檃栝烝矯然後直者，以其性不直也。今人之性惡，必將待聖王之治、禮義之化，然後皆出於治、合於善也。用此觀之，然則人之性惡明矣，其善者僞也。」(《荀子‧性惡》)

荀子的上述論證交互輝映，重重遞進，在一步步加固性惡的同時，把善從人性中徹底剔除，最終完全排除了有善存在於人性之中的可能性。

第二節　不同認定和取材

或道性善，或言性惡，孟子、荀子的觀點顯示了不可調和的差異和對立。究其原因，兩人是從不同角度立論的，對人性的審視沿著不同的方向展開。如果說人包括自然屬性與社會屬性兩個方面的話，那麼，孟子與荀子則分別裁取了其中的一個方面。具體地說，孟子選取了人的社會屬性，並由此得出了性善的結論；荀子則選取了人的自然屬性，並由此得出了性惡的結論。孟子、荀子切入人性的不同視角與兩人對人性或善或惡的不同判斷和認定息息相關，乃至互爲表裏。從這個意義上可以說，孟子、荀子對人性或社會屬性或自然屬性的取材是判定人性善惡的延伸和證明材料。與此同時應該看到，兩人對人性的不同截取是導致對人性不同判斷的原因。如果認爲仁、義、禮、智爲人心中固有勢必得出性善的結論，正如把與生俱來的利欲視爲走向偏險背亂的先天可能必然導致性惡的結論一樣。在某種程度上可以說，正是切入點和取材的不同注定了孟子與荀子對人性的不同判斷和認定。

孟子指出：「人之有是四端也，猶其有四體也。」(《孟子‧公孫丑上》)按照這個說法，人之四肢與四端（指仁、義、禮、智之善端，即「四心」）一樣與生俱來，人應該是自然屬性與社會屬性的結合體。既然四肢與四心一樣與生俱來，理應擁有相同的身份證明和來源出處，因而具有同等的天然合理性和意義價值。不僅如此，如上所述，孟子在邏輯上是根據人之口、耳、目等生理器官具有相同性而推導出人心固有理義而得出性善結論的。儘管如此，孟子卻對四肢與四心區別對待，一面對四端寄予厚望，一面漠視四肢的存在──至少沒有像對待四心那樣由於與生俱來而將之歸於性的範疇。孟子這樣做的結局可想而知：與四端被歸結爲人性形成強烈反差──或者說，伴

隨著四端成為人性的全部內容，與四端一樣與生俱來的四肢被拒之人性門外。孟子不把人的自然屬性——四體、形色歸入人性的範疇，人性只指社會屬性——仁、義、禮、智而言。對此，孟子強調：「口之於味也，目之於色也，耳之於聲也，鼻之於臭也，四肢之於安佚也，性也，有命焉，君子不謂性也。仁之於父子也，義之於君臣也，禮之於賓主也，智之於賢者也，聖人之於天道也，命也，有性焉，君子不謂命也。」（《孟子・盡心下》）

由此可見，孟子有意識地對人性進行了甄別和取捨。正是這種甄別和取捨使孟子儘管看到了四體與四心一樣與生俱來，卻始終把四肢排斥在人性之外。正是基於對人之存在的如此甄別和劃分，孟子宣稱：「惻隱之心，人皆有之；羞惡之心，人皆有之；恭敬之心，人皆有之；是非之心，人皆有之。惻隱之心，仁也；羞惡之心，義也；恭敬之心，禮也；是非之心，智也。仁義禮智，非由外鑠我也，我固有之也。」（《孟子・告子上》）在此，孟子明確把惻隱之心、羞惡之心、辭讓之心和是非之心說成是人皆有之的共同本性，致使仁、義、禮、智成為人性的全部內容。更有甚者，與對四肢的冷漠形成強烈對比的是，孟子對四心如饑似渴，強調四心的每一心對於人之為人一個都不能少。這用他本人的話說便是：「無惻隱之心，非人也。無羞惡之心，非人也。無辭讓之心，非人也。無是非之心，非人也。」（《孟子・公孫丑上》）按照這個說法，四心都是人之為人的必要條件，不可缺少並不充分，只有四心同俱人才能成為人。不僅如此，孟子把仁義道德說成是天爵，由是，非由外鑠、我固有之便成了仁義禮智的題中應有之義。孟子之所以對人性的內容進行如此界說，基於對人之存在的有意識的甄別和選取。正如孟子所言：「人之於身也，兼所愛。兼所愛，則兼所養也。無尺寸之膚不愛焉，則無尺寸之膚不養也。所以考其善不善者，豈有他哉？於己取之而已矣。體有貴賤，有小大。無以小害大，無以賤害貴。養其小者為小人，養其大者為大人。」（《孟子・告子上》）

進而言之，孟子之所以做如是選擇，主要是在人與動物的區別層面立論的。有鑑於此，孟子強調，仁、義、禮、智是人之為人的本質：「仁也者，人也。合而言之，道也。」（《孟子・盡心下》）在他看來，作為人的本質規定，仁、義、禮、智對於人至關重要：第一，仁、義、禮、智使人異於禽獸。孟子宣稱：「人之有道也，飽食煖衣，逸居而無教，則近於禽獸。聖人有憂之，使契為司徒，教以人倫：父子有親，君臣有義，夫婦有別，長幼有序，朋友

有信。」（《孟子·滕文公上》）第二，仁、義、禮、智是人間正道。這用孟子本人的話說便是：

> 夫仁，天之尊爵也，人之安宅也。（《孟子·公孫丑上》）

> 仁，人之安宅也；義，人之正路也。（《孟子·離婁上》）

> 仁，人心也；義，人路也。（《孟子·告子上》）

與孟子選取人的社會屬性充實人性內容的做法恰好相反，荀子給性下的定義和對人性的論證都是截取人的自然屬性進行的。把人性限制在自然屬性之內是荀子判定人性惡的前提，也是性之概念的題中應有之義。例如，他宣稱：「若夫目好色，耳好聲，口好味，心好利，骨體膚理好愉佚，是皆生於人之情性者也，感而自然、不待事而後生之者也。」（《荀子·性惡》）在此，荀子把耳、目、口、心、肢體和由此而來的物質欲望視為人生而具有的東西，並歸為性之範疇。這一規定使荀子對人性的界定著眼人的自然屬性。正是由於對人的自然屬性和生理欲望的選取，致使利和欲成為荀子所講的人性的主要內容：第一，對於人性之利的成分，荀子宣稱：「今人之性，生而有好利焉。」（《荀子·性惡》）這表明，人生來就有好利的本能，對利的追逐是人性的重要方面。第二，對於人性之欲的成分，荀子斷言：「今人之性，饑而欲飽，寒而欲暖，勞而欲休，此人之情性也。」（《荀子·性惡》）據此可知，荀子把貪圖物利、饑食渴飲和好逸惡勞說成是人性的基本內容，致使貪利和欲望成為人性的兩個重要方面。

第三節 不同態度和作為

對人性是什麼的回答奠定了對人性做什麼的基礎，甚至可以說，人性是什麼本身就包含著對人性能做什麼、應該做什麼的回答。與此同時，如果說對人性的判斷和選取還停留在理論層面的話，那麼，對人性的態度和作為則提升到了操作層面，具有前者沒有的實踐維度。具體地說，孟子、荀子對人性的不同判斷和選材奠定乃至決定了兩人對人性的不同態度和作為：基於對人性善的判斷和對四心的取材，孟子主張保養人性，存心、盡心和求放心是孟子對待人性的總體態度和主要做法；基於對人性惡的判斷和對利欲的取材，荀子主張變化人性，化性起偽、積習臻善成為荀子對人性的基本要求和主要作為。

首先，認定人性善的孟子急切呼籲人要保持天然之善性使之不失，特別擔心後天環境對人之善良本性的影響。爲了強調後天環境對人之本性的破壞和保持本性的重要性，孟子以牛山之木爲例生動地指出：

> 牛山之木嘗美矣，以其郊於大國也，斧斤伐之，可以爲美乎？是其日夜之所息，雨露之所潤，非無萌蘖之生焉，牛羊又從而牧之，是以若彼濯濯也。人見其濯濯也，以爲未嘗有材焉，此豈山之性也哉？雖存乎人者，豈無仁義之心哉？其所以放其良心者，亦猶斧斤之於木也，旦旦而伐之，可以爲美乎？其日夜之所息，平旦之氣，其好惡與人相近也者幾希，則其旦晝之所爲，有梏亡之矣。梏之反復，則其夜氣不足以存；夜氣不足以存，則其違禽獸不遠矣。人見其禽獸也，而以爲未嘗有才焉者，是豈人之情也哉？故苟得其養，無物不長；苟失其養，無物不消。（《孟子·告子上》）

「牛山之木嘗美」，猶如人的本性至善。問題的關鍵是，「嘗」只是說本來或曾經如此，並不代表現在。牛山現在的情況是，由於處在大國之郊，儘管樹木在陽光雨露的滋潤下日夜生長，可斧斤之伐、牛羊之牧最終還是使牛山變成了濯濯不毛之地。人性正如牛山之本一樣，可能從鬱鬱蔥蔥變成濯濯不毛。人生來本善，就是鬱鬱蔥蔥的牛山之木。物利的誘惑和環境的薰染隨時都有可能使人喪失本性的可能，正如失去保養本性會喪失殆盡。只有時時刻刻呵護保養，才能使善良的本性充實豐沛。如此說來，保養對於人性（本心）至關重要，於是，孟子把「養心」即保養善良的本性奉爲修養方法和人生追求。

其次，與孟子諄諄教導養性有別，荀子一再動員人們改變本性，孜孜不倦地對性加以後天的人爲：第一，荀子揭示了人性自身的缺陷，在他給人性所下的定義中已經包含著利欲的成分和犯上作亂的可能。這些都指向了改變人性的必要性和緊迫性。第二，荀子論證了性僞關係。對於性、僞定義及其相互關係，他的經典概括如下：「性者，本始材樸也；僞者，文理隆盛也。無性，則僞之無所加；無僞，則性不能自美。性、僞合，然後成聖人之名，一天下之功於是就也。故曰：天地合而萬物生，陰陽接而變化起，性僞合而天下治。」（《荀子·禮論》）

在荀子看來，天然的人性是樸素的資質，後天的人爲是美麗的華采；二者不僅相互區別、不容混淆，而且相互聯繫、缺一不可。正如離開人性、人

爲由於沒有加工的原料而失去用武之地一樣，離開人爲，人性不能自行完美。正是在樸素的人性與華美的人爲的相互結合中成就了聖人。可見，在荀子的視界中，與人性自身的欠缺一樣，性惡證明了改變人性的必要性、迫切性和正當性。所不同的是，人性自身的缺陷是從消極的方面立論的，由於人性自身的欲利傾向不得不對之加以改變；性與僞的關係則是從積極的方面立論的，性與僞一個都不能少。人要想文質彬彬、臻於聖人，就要在化性起僞中使人性日益完善。

再次，在確定了對待人性的原則態度之後，孟子、荀子闡明了對待人性的具體步驟和方法。在這方面，如果說孟子突出存心、盡心的內在修養的話，那麼，荀子則重視良師益友和君上師法的外在強制。

孟子講人性是針對心而非身而言的，人性具體指四端、四心，因此，保養本性就是養心。具體地說，孟子養性的方法有積極與消極之分，兩方面雙管齊下以確保對於人性之善的萬無一失。

從積極的方面說，孟子提倡的存心、養性就是充分擴大先天的善良本性。在這個意義上，人保養本性之善就是存心，而存心、養心也就是充分顯露先天固有的善良本性，即盡心。按照孟子的說法，人生來就有良知良能，保持本性、保養本心就是使四心即仁、義、禮、智之善端大而化之。對此，孟子宣稱：「人之所不學而能者，其良能也；所不慮而知者，其良知也。孩提之童，無不知愛其親者；及其長也，無不知敬其兄也。親親，仁也；敬長，義也。無他，達之天下也。」（《孟子‧盡心上》）由此可見，仁、義、禮、智是人不待慮而知、不待學而能的本能，通過盡心使先天本能得以充分顯露和發揮便可無往不勝。在這個意義上，人保持和顯露善良本性的過程與盡心、存心是一致的：一方面，養心體現爲存心和盡心。另一方面，通過盡心、存心可以使先天的善良本性充分發揮出來，從而達到養心的目的。於是，孟子自信地宣布：「盡其心者，知其性也。知其性，則知天矣。存其心，養其性，所以事天也。殀壽不貳，修身以俟之，所以立命也。」（《孟子‧盡心上》）

從消極的方面說，孟子提倡的存心、養性就是「求放心」。孟子強調，儘管人的本性是善的，然而，後天環境的薰染和物質欲望的引誘使人的善良本性隨時都有淪陷的可能。萬一人的本性喪失了，也不要自暴自棄，而應該竭盡全力地把丟失的善良本性找回來。尋找丟失的善良本性，孟子稱之爲「求放心」。

總之，爲了保護人性之善，孟子把養心、存心、盡心和求放心視爲對待

人性的主要辦法。在他看來，對於善良本性的保持來說，消極的方法與積極的方法、求放心與存心、盡心一樣重要。基於這種認識，孟子對求放心非常重視，有時甚至把全部的道德修養都歸結爲求放心。正是在這個意義上，孟子一再斷言：

> 大人者，不失其赤子之心者也。（《孟子·離婁下》）

> 學問之道無他，求其放心而已矣。（《孟子·告子上》）

對人性惡的認定加劇了荀子改變人性的迫切心情，化性起僞的思路和做法更是使後天的人爲具有了不容置疑的重要性。具體地說，荀子所講的人爲，一項重要的內容便是學習。荀子一直強調以後天的學習改變先天的性惡，甚至告誡人們一刻也不可以停止學習。《荀子》一書始於《勸學》，該篇的第一句話便是：「君子曰：學不可以已。」荀子所講的學習內容是義，目的是遠離禽獸，完善人性。這正如荀子所言：「故學數有終，若其義則不可須臾捨也。爲之，人也；捨之，禽獸也。」（《荀子·勸學》）

對於學習的方法和途徑，荀子不否認學習的主觀自覺性，同時重視外部環境對人的影響和薰染：第一，荀子凸顯接近良師益友的作用，讓人在良師益友的影響和薰習下化性起僞。第二，荀子重視師法的作用。他說道：「人之生，固小人，無師、無法，則唯利之見耳。」（《荀子·榮辱》）這表明，在荀子那裡，學習就是一個在良師益友以及禮法的幫助、影響和威懾下不斷化性起僞、臻於性善的過程。

總之，在對待人性的態度上，孟子與荀子的做法一是養——保養本然狀態，一是化——改變本來面目。一目了然，這是兩種不同——確切地說，相反的思路和做法。正是在相反思路的策劃下，孟子寄希望於養心、存心、盡心和求放心，荀子著力於後天的學習尤其是良師益友的影響和君上師長的引導。儘管孟子、荀子都不排除主觀自覺，然而，兩人的主張還是呈現出一個訴諸內因、一個渴望外力的差異。在這方面，如果說孟子遵循反省內求路線的話，那麼，荀子則踏上了向外求索的征程。

第四節　不同調控和利導

人性問題從來都不是純粹的理論問題，不僅包含著較強的操作性，而且往往牽涉政治哲學和統治方略。在孟子、荀子那裡，對人性的作爲不僅是個

人的道德修養，而且是國家的行政行為；人性完善的目標不僅是個人的超凡入聖，而且是社會的穩定和諧。先秦哲學之所以對人性問題興趣盎然，理論初衷無非是在人性之中尋找治國平天下的理論根基。在這方面，孟子由性善說引出了仁政王道，荀子從性惡論推出了隆法尚禮。

首先，關於治國方案和政治原則，孟子繼承了孔子的德治傳統，高擎仁政的大旗。如果說在孔子那裡由於缺少合理性證明、德治只能停留於一廂情願的話，那麼，在孟子這裡，人性的根據和依託使仁政獲得了正當性和合理性。

孟子為仁政的可行性和正當性提供辯護的便是「惻隱之心，人皆有之」的性善說。仁政與人性的內在聯繫，正如孟子所云：「人皆有不忍人之心。先王有不忍人之心，斯有不忍人之政矣。以不忍人之心，行不忍人之政，治天下可運之掌上。」（《孟子·公孫丑上》）在這裡，孟子在肯定人性與政治方案之間具有內在聯繫的基礎上，把人性說成為政之前提，進而用人生來性善的性善說論證了仁政（不忍人之政）的可能性：第一，從仁政的制定和出臺來看，先王的善性決定了他不忍心用殘酷的法治桎梏人民，由於心懷惻隱推出了不忍人之政。第二，從仁政的貫徹和執行來看，百姓的善性決定了他們對仁政的從善如流，從而保證了仁政的貫徹和落實。這就是說，人皆有不忍人之心，不忍人之心並非先王所特有，百姓與先王一樣嗜好仁義，因而聽從仁政的引導。

關於性善與仁政的息息相通，韓非從反面提供了佐證。基於人性自私自利的認識，信憑法術而治的韓非舉了這樣一個例子：

> 今有不才之子，父母怒之弗為改，鄉人譙之弗為動，師長教之弗為變。夫以父母之愛、鄉人之行、師長之智，三美加焉，而終不動，其脛毛不改。州部之吏，操官兵，推公法，而求索奸人，然後恐懼，變其節，易其行矣。故父母之愛不足以教子，必待州部之嚴刑者，民固驕於愛、聽於威矣。（《韓非子·五蠹》）

在這個例子中，韓非通過父母、鄉鄰和師長的教誨與酷吏、官兵和法律的威儡之間的鮮明對比揭示了道德說教的軟弱與法制手段的有效，既表達了推行法制的思想主張，又從反面證明了性善說對仁政的理論支持和奠基作用。試想，如果人性誠如韓非所言自私自利、唯利是圖的話，那麼，以禮樂教化、道德引導等手段為主的仁政便顯得空洞虛偽、蒼白無力，而不如法律

的強制來得有力和直接。孟子的性善說對仁政的支持著重從兩方面展開，在施治與受治主體的道德素質的相互配合中彰顯了仁政的合理性和正當性。

其次，如果說以道德手段治國平天下是儒家的共同主張的話，那麼，荀子的思想則帶有某種特殊性，具體表現就是重視法律在治理國家中的作用。

荀子主張隆禮尙法，故而一而再、再而三地斷言：

> 禮義者，治之始也。（《荀子·王制》）

> 法者，治之端也。（《荀子·君道》）

> 隆禮尊賢而王，重法愛民而霸。（《荀子·王制》）

事實上，荀子對性惡的判斷已經流露出弘揚法律的思想端倪，對人性具體內容的選取更是爲法律的行使提供了廣闊空間。最能反映荀子依法而治的是他對待人性的具體做法，化性起僞少不了法禮，法禮與君上、師長一起成爲人化性起僞的標準、途徑和方法。由此可見，荀子對法制的重視與他的人性理論休戚相關，在某種程度上可以說，激發荀子法律興致的主要原因之一便是對人性惡的認定，性惡論決定了荀子對禮法的重視和推崇。換言之，正因爲認定人性中先天包含著利欲成分而不能自行完美、不加節制就可能引起社會混亂，荀子才推崇禮法，把禮法視爲調控人性之惡的基本方法和主要手段。

再次，孟子的性善說引出了仁政的可行性，荀子的性惡論推導出禮法的必要性。

在行政理念和價值取向的層面上，孟子嚮往的仁政與荀子崇尙的禮法是兩種完全不同的統治方案和行政路線，具有崇尙道德自覺與信奉法律強制之異。在具體貫徹和實際操作的層面上，性善說堅信受眾基於善性的主觀自覺。在施政方針和治國手段上，堅持以道德引導和說教爲主，心儀以理服人的王道、蔑視以力服人的霸道。孟子心儀的王道以禮樂教化爲本，判斷王道與霸道的根本標誌之一便是推行仁政還是力政。無論是在王道與霸道的區別還是在仁政的具體規劃中，孟子都一再強調以德服人王天下，並反對以武力威懾爲主要手段的暴政即霸道。在他看來，王道、仁政以仁得天下，霸道、力政必然由於不仁而失天下。循著這個邏輯，孟子始終把禮樂教化、道德引導奉爲主要的行政手段。性惡論著眼於受眾作惡的可能性，信憑外在的威懾——無論君上、師長還是禮法在荀子的化性起僞中都有強制因素。在荀子那裡，除了接近良師益友學習積善之外，君師長的作用不可低估。荀子對君上、師

長和禮義法度的推崇本身就使強製成爲題中應有之義。正因爲信憑強制、並在此基礎上推崇法制的作用，有人把荀子歸爲法家學派。這從一個側面反映了孟子與荀子對人性的引導和基於人性的政治路線具有溫良與威猛之別。

與孟子、荀子對道德自覺、法律強制的不同側重相聯繫，從社會效果和實際功用來看，如果說孟子的性善說論證了受眾（受治主體）接受統治的可能性和統治秩序的可行性的話，那麼，荀子的性惡論則爲受眾接受統治及統治秩序的必要性和迫切性進行辯護。正如孟子在仁政的產生和推行、施治和受治主體的雙重印證中闡明了仁政的可能性和可行性一樣，荀子的性惡論使受眾接受教育和統治擁有了十足的必要性，師法也成爲必不可少的。

對於性善說與性惡論對於統治秩序的可行性與必要性的不同側重，荀子本人具有清醒的認識和理解。眾所周知，正如孟子的性善說是針對告子的人性無善無不善有感而發一樣，荀子的人性學說在某種程度上可以說是爲了反駁孟子的性善說有感而發的。荀子之所以堅決反對孟子的性善說，一個主要理由就是性善說會導致「去聖王，息禮義」的後果——不僅聖王、禮法變成了多餘的，而且淡化百姓接受統治的必要性和迫切性，因而造成不良的社會影響。按照荀子的邏輯，檃栝的產生由於枸木的存在，繩墨的興起由於曲線的存在，君上、師長和禮義等規範的存在是由於人之性惡。循著這個邏輯，正如枸木、曲線證明了檃栝、繩墨的價值一樣，君上、師長和禮義法度的價值存在於性惡之中。由此不難想像，如果人性真的如孟子所說的那樣先天就有仁義禮智之善、能夠自覺地從善如流的話，那麼，聖王、禮義對於這樣的人性又何以復加呢？可見，主張性善等於否定了聖王、禮義的存在價值，聖王、禮義成了沒有任何必要的虛設。這對於荀子來說顯然是無法接受和容忍的。相反，承認了人性惡，也就等於證明了聖王、禮義和法度的必要性。於是，荀子不止一次地宣稱：

> 故善言古者，必有節於今；善言天者，必有徵於人。凡論者，貴其有辨合、有符驗。故坐而言之，起而可設，張而可施行。今孟子曰「人之性善」，無辨合符驗，坐而言之，起而不可設，張而不可施行，豈不過甚矣哉？故性善，則去聖王、息禮義矣；性惡，則與聖王、貴禮義矣。故檃栝之生，爲枸木也；繩墨之起，爲不直也；立君上，明禮義，爲性惡也。（《荀子·性惡》）

> 今誠以人之性固正理平治邪，則有惡用聖王、惡用禮義矣哉？

雖有聖王禮義，將曷加於正理平治也哉？今不然，人之性惡。故古者聖人以人之性惡，以爲偏險而不正、悖亂而不治，故爲之立君上之勢以臨之，明禮義以化之，起法正以治之，重刑罰以禁之，使天下皆出於治、合於善也。是聖王之治而禮義之化也。（《荀子·性惡》）

第五節　孟子、荀子的人性哲學與儒家特色

上述分析表明，孟子的性善說與荀子的性惡論顯示了種種差異和對立：在對人性的判定上，一爲善，一爲惡；在對人性的截選上，一爲社會屬性，一爲自然屬性；在對人性的作爲上，一爲養、一爲化，一內求、一外索；在對人性的利導上，一尚仁、一隆法，一可能、一必要。如此等等，不一而足。儘管如此，無論性善說、性惡論的理論本身還是對中國後續思想的影響都有互補、相通的一面，尤其是二者的價值取向和思維方式呈現出深層的相通性和相同性。

一、價值判斷而非事實判斷

對人性問題的探討可以是事實層面的，也可以是價值層面的。事實式的探討圍繞人性是何展開，注重事實之眞僞，對客觀性情有獨鍾；價值式的探討圍繞人性如何展開，關心善惡之價值，洋溢著主觀情懷。面對事實與價值這兩種不同的思維方式和致思理路，孟子、荀子對人性的研究都毅然決然地投於價值之麾下。

孟子、荀子都是在價值而非事實層面探討人性的，這主要表現在三個方面：第一，在對人性的認定和判斷上，兩人關注人性是什麼，更熱衷於對人性的善惡判斷。正如《孟子》書中明確地說「孟子道性善」，肯定孟子直接將人性與善聯繫在一起一樣，荀子明確宣布人性惡，致使「故人之性惡明矣，其善者僞也」成爲名言名句。同時，荀子還著有《性惡》篇，直接申明自己的性惡判斷和主張，並從各個角度進行了論證。這表明，孟子、荀子對人性的認定和探討都屬於價值判斷而非事實判斷。第二，在理論側重和言說方式上，孟子、荀子對人性的闡釋始終圍繞著善惡展開，不僅使性善、性惡成爲著名的命題和響亮的口號，而且對之傾注了極大的熱情，都有對人性究竟是善還是惡的證明。孟子對性善的論證從邏輯推理與行爲經驗兩個方面同時進

行，使兩個方面的結論相互印證，可謂用心良苦。荀子對性惡的論證始於對性僞、善惡的概念界定，又包含對人性的本然狀態、後天追求以及聖凡比較等諸多內容。與對性善、性惡的過分關注和熱衷相比，孟子、荀子對人性具體內容的說明顯得單薄。人性的具體內容顯然不是兩人關注的焦點，很多時候是作爲性善或性惡的證明材料出現的。第三，孟子、荀子沒有停留在人性是什麼上，而是始終對人「應是」什麼充滿期待，通過對人性的作爲而成爲道德完善的聖人是兩人的宏圖大願和共同理想。價值判斷與事實判斷是兩種不同的思路，體現了不同的思維方式和價值取向。循著這個邏輯，孟子、荀子對人性進行價值判斷的同時，已經流露了揚善抑惡的價值取向和人生追求。

二、善惡標準的一致性

　　熱衷於對人性進行價值判斷和探討決定了在孟子、荀子的人性哲學中善惡比眞僞更備受關注，用善惡標準去匡定、衡量人性便成爲兩人人性哲學的相同之處。事實上，孟子、荀子用善惡來衡量人性、對人性進行價值判斷的如出一轍，對善惡的認定、理解也別無二致。

　　孟子、荀子用以判斷人性的善惡標準是一樣的，這一點在兩人對人性的善惡判斷中已經初露端倪：孟子之所以斷言人性善，理由是良知、良能與生俱來，人性中包含仁、義、禮、智之萌芽；反過來，理義的與生俱來本身即證明人性是善的。這表明，孟子所講的善指仁、義、禮、智之道德或符合道德的行爲。在荀子對善惡的界定中，善即正理平治，仁、義、禮、智之道德或符合理義法度的行爲爲善；惡即偏險悖亂，利欲帶來的違背禮義法度或不利於社會安定的觀念和行爲爲惡。顯而易見，在對善惡的理解上，孟子、荀子的看法基本一致──善與道德如影隨形、以道德爲唯一標準，並且都把欲、利歸之於惡。

　　孟子、荀子都強調欲利與善對立，並在此基礎上對耳、目、口、鼻、身體器官和生理欲望存有戒心。例如，孟子對待人性的根本態度和主要做法是保養本心之善，採取的主要辦法便是擯棄物質欲望、遠離物利。在此，孟子強調人心的最大敵人就是物質欲望，養心就應該減少物質欲望，進而得出了「養心莫善於寡欲」的結論。他寫道：「養心莫善於寡欲。其爲人也寡欲，雖有不存焉者，寡矣；其爲人也多欲，雖有存焉者寡矣。」（《孟子・盡心下》）這從一個側面表明，孟子之所以盡心是爲了加強道德修養的主觀自覺，用道

德理性來約束人的生理欲望，以免被物慾所蒙蔽而使善良本性喪失殆盡。同樣，荀子之所以判定人性惡是因為人性中生來具有欲、利等成分，斷言人性惡的本身就含有欲、利是惡的價值判斷。更為明顯的是，在通常情況下，天然性往往代表著正當性和合理性。荀子卻在宣稱欲、利為人性所固有的同時，不是對人性放任自流，而是加之以人為——一面以死而後已的不倦學習改變人性，一面對欲、利加以道義引導和合理節制。對於欲，荀子指出：「故雖為守門，欲不可去，性之具也。」（《荀子·正名》）欲的與生俱來沒有作為縱慾的藉口，相反，荀子呼籲用禮來節制和引導之，正確的做法是用禮來「養人之欲，給人之求」。對於利，荀子主張先義而後利。

三、聖人情結

孟子、荀子對人性進行價值而非事實判斷本身就意味著兩人的興奮點不在人是什麼上，而是飽含著對人「應是」什麼的渴望和期盼。接下來的問題是，由於以仁、義、禮、智之道德為善，由於儒家歷來視聖人為道德完善的榜樣，於是，聖人便成為孟子、荀子對人的最大期待和模塑。無論兩人對人性的判斷、選取還是對待都以超凡入聖為鵠的，聖人是孟子、荀子人性哲學共同的理想人格和最終目標。

孟子、荀子對待人性的態度恰好相反：一個保養，一個改變。之所以如此，是因為兩人對人性一善一惡的價值判斷。基於對人性的不同判斷，憑著對待人性的不同方法，孟子、荀子的人性哲學最後都駐足於使人臻於善而遠離惡、成為聖人上，可謂殊途同歸。孟子對人性的論述始終強化人與動物的界限，這使完善人性還原為遠離人的自然本性而成為聖人的過程。對此，孟子一再強調：

> 形色，天性也；惟聖人然後可以踐形。（《孟子·盡心上》）

> 從其大體為大人，從其小體為小人。……耳目之官不思，而蔽於物。物交物，則引之而已矣。心之官則思，思則得之，不思則不得也。此天之所與我者。先立乎其大者，則其小者弗能奪也。此為大人而已矣。（《孟子·告子上》）

按照孟子的說法，體與心雖然都是人與生俱來的，但是，二者的功能和作用截然不同。正是在或為利或為義、或縱體或盡心的作為中，人有了君子與小人之分。面對這兩種迥然懸殊的後果，孟子讓人「先立乎其大者」，在盡

心中成就大人事業，進而成爲聖人。

　　荀子把學習的目標鎖定在爲聖人上。這用他本人的話說便是：「學惡乎始？惡乎終？曰：其數則始乎誦經，終乎讀《禮》；其義則始乎爲士，終乎爲聖人。」（《荀子・勸學》）荀子之所以振臂高呼學習至關重要，是因爲學習是通往聖人之途。對於荀子來說，這與其說是對學習的如饑似渴，不如說是對朝聖的情眞意切。

　　孟子、荀子不僅表達自己對聖人的期待和渴望，而且在人性中挖掘人成爲聖人的先天資質和潛能。在人成爲聖人的資格論證方面，孟子的名言是「人皆可以爲堯舜」（《孟子・告子下》），「塗之人可以爲禹」（《荀子・性惡》）則是荀子的座右銘。孟子認爲人生而性善，只要保持本性而不使其喪失，便可以道德完滿，於是成爲聖人。在孟子那裡，一切都順乎自然，成爲聖人似乎是先天注定、順理成章的事。循著這個邏輯，斷言人性惡似乎使人遠離了聖人。其實不然。在荀子那裡，天然的性惡不惟不是人成聖的障礙，反而使聖人事業有了切實的下手處和著力點。荀子認爲，義與利是「人之所兩有」，義爲人通往聖人大開方便之門。不僅如此，在對可能性與現實性關係的闡釋中，荀子強調人人皆具備成爲聖人的資格：「故小人可以爲君子而不肯爲君子，君子可以爲小人而不肯爲小人。小人君子者，未嘗不可以相爲也，然而不相爲者，可以而不可使也。故塗之人可以爲禹，則然；塗之人能爲禹，未必然也。雖不能爲禹，無害可以爲禹。」（《荀子・性惡》）在荀子看來，人究竟成爲君子還是小人需要客觀條件，也需要主觀條件；需要先天資質，也需要後天人爲。就可能性而言，人人都具備成爲聖人的先天條件和資質，之所以沒有成爲聖人絕對不是不具備先天條件或資質，而是後天的人爲努力不夠。這就是說，普通人之所以沒有成爲聖人，不是因爲沒有先天的條件，而是因爲缺少後天的人爲。荀子強調，從先天本性和潛能來看，人與聖人是一樣的。聖人並不是天然成就的，聖人的過人之處不是先天的資質而是後天的人爲和努力。於是，荀子聲稱：「堯、禹者，非生而具者也，夫起於變故，成乎修，修之爲，待盡而後備者也。」（《荀子・榮辱》）如果斷定聖人，天生就是聖人也就等於把一部分甚至是大多數人排斥在聖人的門外。在此，荀子之所以不厭其煩地宣布聖人與普通人在先天本性上是一樣的，目的是肯定常人與聖人具有相同的資質，以此督人向善、成爲聖人。

四、人性與禮樂教化

孟子、荀子的人性哲學並沒有始終囿於人性領域，而是最終都延伸到了政治領域。正如兩人對人性的甄別與政治原則有關一樣，在孟子、荀子的視界中，人性是實施治國方案的根基。因此，人性哲學在前，政治哲學緊隨其後。

首先，孟子、荀子所投身的聖人事業並不限於精英層面而是面向大眾的全民運動，這使人性只是作為起點存在，並且只有與後天的學習和教化聯繫起來才有意義。有鑑於此，無論性善說還是性惡論均與統治方案有關，無論保養還是改變人性均需調動後天的人為和努力。後天的人為和努力從個人來說即道德修養，從統治方案來說即推行禮樂教化。於是，舉辦各類學校、實施禮樂教化成為孟子、荀子的共同設想。

孟子嚮往的仁政、王道在百姓衣食無憂之後設立各種學校，宣講人倫道德，實行禮樂教化。他多次寫道：

> 不違農時，穀不可勝食也。數罟不入洿池，魚鱉不可勝食也。斧斤以時入山林，材木不可勝用也。穀與魚鱉不可勝食，材木不可勝用，是使民養生喪死無憾也。養生喪死無憾，王道之始也。五畝之宅，樹之以桑，五十者可以衣帛矣。雞豚狗彘之畜，無失其時，七十者可以食肉矣。百畝之田，勿奪其時，數口之家可以無饑矣。謹庠序之教，申之以孝悌之義，頒白者不負戴於道路矣。七十者衣帛食肉，黎民不饑不寒，然而不王者，未之有也。（《孟子·梁惠王上》）

> 設為庠序學校以教之：庠者，養也；校者，教也；序者，射也。夏曰校，殷曰序，周曰庠，學則三代共之，皆所以明人倫也。人倫明於上，小民親於下。（《孟子·滕文公上》）

荀子對學習的如饑似渴、竭力呼籲旨在改變人性之惡，並且都與教化有關。不僅如此，荀子對禮十分重視，奉之為自己倫理體系的核心。對於禮，荀子不僅闡明了其來源、作用和特徵，而且從個人的日常生活到國家的政治生活、從情感到內容逐一進行了規定。這使禮樂教化落到了實處，具體而詳盡。正因為對禮樂教化的重視，荀子不僅著有《禮論》，而且著有《樂論》，試圖引導人在禮樂的相互作用中成就聖人事業。

孟子、荀子重視禮樂不是為了「極口腹耳目之欲」，滿足感官刺激；而是

爲了陶冶人的心靈，達到「同民心而出治道」的境界。進而言之，對人性進行價值判斷、善惡引導和道德審視注定了孟子、荀子政治哲學的倫理本位，即儒家有別於道家、法家的倫理政治。在兩人這裡，政治是倫理、道德的推行和強化。孟子要求統治者「與民同樂」，荀子強調君人者的榜樣作用以及兩人的哲學王情結和仕途情結均屬於此。在這方面，孟子不僅以救世者自居、發出了「當今之世，舍我其誰」的豪言壯語，而且具有「達則兼善天下」的抱負。荀子與孟子一樣有周遊列國、尋求仕途的經歷，並且擁有同樣的聖賢在位的渴望。歸根結底，這些都是爲了推行禮樂教化，並在督人向善中成就全民的聖人事業。

其次，對人性的價值判斷、善惡標準、聖人情結和禮樂教化構成了孟子、荀子人性哲學的一致性，也是儒家的道德理想和行爲追求在人性哲學領域的具體反映。事實上，兩人對人性的不同看法如善與惡的判斷、養與化的對待以及道德自覺與法律強制的調控等都基於對人性或社會屬性或自然屬性的不同截取，其中洋溢著相同的倫理本位和道德訴求。倫理本位和道德訴求拉近了孟子、荀子人性哲學的距離，體現了儒家的一貫追求，同時也顯示了與其他各家的學術分野。

其一，將人性或歸於善或歸於惡表明，孟子、荀子對人性進行價值判斷。用善惡去審視人性是兩人的共識，也是儒家的一貫做法。例如，在對人性是什麼的認定上，告子所說的「生之謂性」與荀子對性的界定──「生之所以然者謂之性」（《荀子・正名》）同義，都把性歸爲先天的範疇。與此同時，告子的「食色性也」與荀子所講的「食，欲有芻豢；衣，欲有文繡；行，欲有輿馬；又欲夫餘財蓄積之富也；然而窮年累世不知不足，是人之情也」（《荀子・榮辱》）都把食色之欲視爲人與生俱來的本性。此外，韓非每每指出：

好利惡害，夫人之所有也。……喜利畏罪，人莫不然。（《韓非子・難二》）

夫安利者就之，危害者去之，此人之情也。……人焉能去安利之道而就危害之處哉？（《韓非子・姦劫弑臣》）

不難看出，韓非的這些說法與荀子對人性的論證思想內容完全一致，甚至連話語結構都如出一轍。由此可見，在把人性的具體內容歸結爲自然屬性上，荀子和告子、韓非同道，與孟子相去甚遠。儘管如此，由於對人性進行的是價值判斷而非事實判斷，荀子並沒有停留在人性是什麼的層面上，而是

及時地用惡去判斷人性，這爲他呼籲通過後天的人爲改變人性提供了前提。荀子的這一做法與告子、韓非等人對待人性的態度大相徑庭，在本質上與孟子相契合。

其二，在對待人性的做法上，孟子、荀子的選擇是有爲而非無爲。斷言人性善的孟子並沒有對人性坐享其成，而是呼籲通過盡心、存心和求放心保養善性；宣稱人性惡的荀子也沒有自暴自棄，而是竭力呼籲通過後天的人爲改變人性。這表明，孟子、荀子沒有放任人性之自然，相反，無論養還是化都以人性可變爲前提、並且本身就包含對人性施加作爲的意圖。兩人對人性的積極作爲體現了儒家孜孜不倦、自強不息的一貫作風。在這方面，孟子、荀子的做法顯示了不同於道家、法家的價值取向和人生追求。一方面，道家與法家一個認爲人性天然素樸，一個認爲人性自私自利，可謂相差懸殊。另一方面，在對人性的作爲上，道家和法家都崇尚無爲而治。身爲道家的莊子認爲，人性的天然素樸狀態是眞、是善、是美，爲了保持天然本性，必須去知、去情，一切都任其自然。對於道家來說，無爲既是個人的修身養性之方，也是國家的平治之術。不僅如此，道家和法家無爲的處世原則與統治方案密切相關，莊子要求對百姓實行「天放」，韓非的法治思想在某種程度上就是因循人性本然、無爲而治的結果。

其三，孟子、荀子對人性作爲的途徑都是積善去惡，最終目標都是超凡入聖。兩人之所以一個主張保養人性、一個主張變化人性，是因爲一個認爲善與生俱來、一個認爲人性爲惡。儘管孟子、荀子對人性的作爲和切入點不同，然而，兩人對善的追求和對惡的擯棄卻是一致的。正因爲如此，孟子、荀子不僅講人性是什麼，而且更在意人性是善還是惡；不僅講人性爲善爲惡，而且把精力投入到揚善去惡上。

與孟子、荀子的做法迴異其趣，韓非只講人性是什麼而不對人性進行善惡判斷、並以人性的天然性、自然性彰顯人性的正當性和合理性，這與荀子大聲疾呼化性起僞相去天壤。荀子依據人性中包含利、欲成分斷言人性惡、進而以後天之僞改變人性之惡。法家認定人皆自爲即人都自私自利，並不對之予以改變。愼到指出：「人莫不自爲也。」（《愼子·因循》）商鞅也說：「民之於利也，若水之於下也。」（《商君書·君臣》）韓非認爲，人「皆挾自爲心也」，所作所爲都是爲了利己。「自爲心」是人的自然本性，不具有「仁」或「賊」的道德意義，並且是不必改變也不可改變的。人人利己導致人人「異

利」，相互以「計算之心相待」，彼此之間形成赤裸裸的利益關係。儘管韓非把人的本性和人與人之間的關係描述得如此醜惡，然而，這只是他對人性進行的事實判斷。對於韓非來說，人性的自私自利並不是惡，相反，利、欲作爲人性之本然成爲正當性的代名詞。在某種程度上可以說，他提出的「凡治天下，必因人情」的法治思想正是爲了迎合人對利、欲的追求。

其四，孟子、荀子不僅用善惡去審視、判斷和對待人性，而且秉持相同的善惡標準，即兩人的善惡標準都是儒家式的道德。

孟子、荀子對人性進行價值判斷的標準是善惡，兩人善惡標準的一致性在不同學派的映襯下更加鮮明和清楚。眾所周知，老子、莊子代表的道家也崇尚道德，所講的道德絕非儒家的仁、義、禮、智。相反，莊子認爲，儒家追求的仁義尤其是禮破壞人性之本然，是導致虛僞的罪魁禍首。有鑑於此，他強調，善惡並不是儒家的仁義道德，而是保持天然本性；與善相對應，惡指對天然本性的破壞、損傷或戕害，仁、義、禮、智當然也包括在內。在這個意義上，莊子把儒家提倡的仁、義、禮、智視爲道德之大敵：

> 屈折禮樂，呴俞仁義，以慰天下之心者，此失其常然也。天下有常然。常然者，曲者不以鉤，直者不以繩，圓者不以規，方者不以矩，附離不以膠漆，約束不以纆索。故天下誘然皆生，而不知其所以生；同焉皆得，而不知其所以得。(《莊子‧駢拇》)

> 吾所謂臧者，非仁義之謂也，臧於其德而已矣；吾所謂臧者，非所謂仁義之謂也，任其性命之情而已矣；吾所謂聰者，非謂其聞彼也，自聞而已矣；吾所謂明者，非謂其見彼也，自見而已矣。(《莊子‧駢拇》)

第六節　先秦人性哲學對後世的影響

與對人的密切關注息息相通，中國哲學的人性論早熟。在先秦時期，中國的人性哲學便形成了系統的人性論。異彩紛呈、蔚爲大觀換個角度看便意味著諸子百家對人性問題的認識存在分歧，由此展開了爭鳴。事實上，作爲中國人性哲學的第一階段，先秦人性哲學帶有鮮明的時代烙印和階段特徵，故而呈現出明顯的一致性。與此同時，先秦人性哲學關於人性的不同觀點也爲後人提供了多樣選擇，對後世產生了深遠影響。

一、先秦人性哲學的共同特徵

上述內容顯示，孟子、荀子人性哲學的相同之處是彰顯了倫理本位，體現了儒家的一貫追求。如果說倫理本性顯示了儒家的理論特色的話，那麼，孟子、荀子所講的人性平等不僅是兩人思想的相同點，而且是先秦人性哲學的共同特徵。

首先，無論孟子的性善說還是荀子的性惡論都認為，在本性或本能上，人是平等的。

在孟子那裡，作為人生而性善的根據和內容，惻隱之心、羞惡之心、辭讓之心和是非之心人人同具，無有不同。不僅如此，在人生來就有四體、四心上，人人平等，無一例外。這些都證明了人在本性上是一樣的。為了強調人沒有任何先天差別，孟子指出人的一切差異都是後天形成的，與先天的本性無關。這用他本人的話說便是：「富歲，子弟多賴；凶歲，子弟多暴。非天之降才爾殊也，其所以陷溺其心者然也。」（《孟子·告子上》）

為了突出在本性上人人平等，主張人性惡的荀子宣稱人人性惡——普通人如此，聖人也不例外。對此，他一而再、再而三地強調：

> 材性知能，君子、小人一也。好榮惡辱，好利惡害，是君子、小人之所同也。（《荀子·榮辱》）

> 凡人之性者，堯、舜之與桀、跖，其性一也；君子之與小人，其性一也。（《荀子·性惡》）

> 饑而欲食，寒而欲暖，勞而欲息，好利而惡害，是人之所生而有也，是無待而然者也，是禹、桀之所同也；目辨白黑美惡，耳辨音聲清濁，口辨酸鹹甘苦，鼻辨芬芳腥臊，骨體膚理辨寒暑疾養，是又人之所常生而有也，是無待而然者也，是禹、桀之所同也。可以為堯、舜，可以為桀、跖，可以為工匠，可以為農賈，在勢注錯習俗之所積耳。是又人之所生而有也，是無待而然者也，是禹、桀之所同也。（《荀子·榮辱》）

這就是說，君子與小人的生理素質和知識能力都是一樣的，正如小人生而具有與君子一樣的材性一樣，君子也具有與小人一樣的欲望。換言之，在本性上，聖人與凡人無異，聖人之性也含有與普通人一樣的惡。對於欲和利，聖人與普通人同具；對於耳、目、口、鼻等身體器官及其認知能力，凡人與

聖人同具的。這些都證明，聖人與凡人在本性上完全一樣，是生而平等的。現在的問題是，既然聖人與凡人生而平等，絕無任何差異，那麼，爲什麼會有堯舜與桀跖、君子與小人之別呢？與孟子一樣，荀子把人與人之間的差別都歸結爲後天的人爲。對此，荀子宣稱：「今將以禮義積僞爲人之性邪，然則有曷貴堯、禹，曷貴君子矣哉？凡所貴堯、禹、君子者，能化性，能起僞，僞起而生禮義；然則聖人之於禮義積僞也，亦猶陶埏而生之也。」（《荀子·性惡》）

其實，強調人生而平等不僅是孟子、荀子的共識，而且是先秦各家人性哲學的共識。無論告子的「性無善，無不善也」（《孟子·告子上》）還是韓非的人性自私自利說都是就人「類」而非特殊的人群或個體而言的，墨子所講的人性染之蒼則蒼、染之黃則黃和道家認定的素樸之性無不如此。作爲先秦人性哲學的基本特徵，強調在先天本性上人人平等而非差異是各家的共同主張，也體現了中國人性哲學的時代性。先秦人性哲學的這一特徵在與後續的相互比較中則更加明顯。

其次，與先秦人性哲學堅信人在本性上平等而無差別截然相反，秦後的人性哲學熱衷於從先天本性上爲人劃定等級。對於這一點，漢唐時期的人性品級論和宋明理學家的雙重人性論便是明證。

漢唐人性論對人在本性上的差異異常關注，並就此對人劃分等級。董仲舒的性三品論、皇侃的性分九品和韓愈的性情三品等都是典型的例子。

性三品說在漢代較爲流行，最典型的代表是西漢董仲舒的人性思想。在人副天數的前提下，董仲舒伸張了自己的人性哲學：「天兩，有陰陽之施；身亦兩，有貪仁之性。」（《春秋繁露·深察名號》）根據人性之中所含成分的貪仁比例，董仲舒把人性分爲上、中、下三品，即「聖人之性」、「中民之性」和「斗筲之性」（《春秋繁露·實性》）。其中，聖人之性只有仁而沒有貪，至善而無須教化；斗筲之性只有貪而沒有仁，至惡而無法教化；中民之性貪仁兼具，根據後天的教化可善可惡。有鑑於此，董仲舒開誠布公地宣布，他的人性哲學主要針對「中民之性」。東漢之時的王充認爲性善是中人以上，性惡是中人以下，善惡混是中人之性。荀悅發揮劉向「性不獨善，情不獨惡」的觀點，明確提出了「性三品」的概念，認爲上品君子性善，下品小人性惡，中人則善惡混；仁與義是「道之本」，體現在政治上分別是禮教與法治：禮教施於君子，「桎梏鞭撲」加於小人，對中人則「刑禮兼焉」。南朝時著名經學

家皇侃（488～545）將性分爲九品，這便是：「師說曰：就人之品識，大判有三，謂上、中、下也。細而分之，則有九也：有上上、上中、上下也，又有中上、中中、中下也，又有下上、下中、下下也，凡有九品。上上則是聖人，聖人不須教也；下下則是愚人，愚人不移，亦不須教也。而可教者，謂上中以下，下中以上，凡七品之人也。」（《論語集解義疏》卷三）顯而易見，皇侃沿襲了董仲舒的思路，只不過是更爲細化了人性的品級而已。

唐代的韓愈第一次明確提出了性情三品說。韓愈斷言：「性之品有三，……上焉整者，善焉而已矣；中焉者，可導而上下也；下焉者，惡焉而已矣。」（《原性》）依據他的界定，性是先天具有的，包括仁、義、禮、智、信五德；情是受到外界刺激產生的內心反映，包括喜、怒、哀、懼、愛、惡、欲七情。不同的人各自具有的五德參差不齊，人性便由此形成了上、中、下三品之分。上品的人性是善的，中品的人性可善可惡，下品的人性是惡的。上品和下品的人性都不能改變，可變的只有中品的人性。性的三品與情的三品相對應，人的情也分爲三品。上品的情一發動就合乎「中」，中品的情有過或不及、但大體上合乎「中」，下品的情則完全不合乎「中」。

如果說性分品級側重在人群之中用善惡歸類、把善惡分予不同的人使之有善惡或高低之分的話，那麼，宋明理學家則憑藉雙重人性論使善惡集於一人之身。宋明理學家喜歡在人的共性與個性中伸張雙重人性論，從二程、張載到朱熹都斷言人性是雙重的。於是，宋明理學家一面在共性（天命之性或天地之性）至善中以聖賢爲誘餌督人向善，一面在氣質之性有善有惡中強化人的等級、並從本體哲學的高度爲人天生的等級進行辯護。例如，朱熹一再斷言：

> 稟得精英之氣，便爲聖，爲賢，便是得理之全，得理之正；稟得清明者，便英爽；稟得敦厚者，便溫和；稟得清高者，便貴；稟得豐厚者，便富；稟得長久者，便壽；稟得衰頹薄濁者，便爲愚、不肖，爲貧，爲賤，爲夭。（《朱子語類卷 1·性理》）

> 有人稟得氣厚者，則福厚；氣薄者，則福薄。稟得氣之華美者，則富盛；衰颯者，則卑賤；氣長者，則壽；氣短者，則夭折。此必然之理。（《朱子語類卷 1·性理》）

漢唐哲學和宋明理學的人性哲學迥異其趣，共同點便是以人性爲標準，將人劃分爲不同的等級，這種做法與先秦人性哲學差若雲泥。尚須澄清的是，唐代李翱認爲，「人之性皆善」，「百姓之性與聖人之性弗差」。孤立地看，這

個說法承認百姓與聖人在本性上平等、與先秦諸子的觀點並無差別。其實不然，李翱一面斷言人性平等而無差別，一面斷言人情有差。這便是：「人之所以惑其性者，情也。喜、怒、哀、懼、愛、惡、欲七者，皆情之所爲也。情既昏，性欺匿矣。」（《復性書·上》）李翱的說法實際上是在聖人能保持先天本性、百姓爲情所困甚至被情所惑中根據情之不同把人分成了不同等級。這就是說，對於人的不平等，李翱只是換了一種表述方式而已。因此，在借助人性哲學宣稱人生而不等上，李翱的觀點與漢唐人性哲學是一致的。

二、對後世的影響

孟子、荀子人性哲學的相同點、不同點以及與其他學派的區別和一致共同勾勒了先秦人性哲學的概貌，從中可以看出先秦人性哲學的豐富性和多樣性。諸子百家對人性問題的解答是多元並開放的：既有事實判斷，又有價值判斷；既有人性爲善，又有人性爲惡；既看到了人的自然屬性，又看到了人的社會屬性；既嚮往因循人性之自然，又有人疾呼改變人性之作爲；既有人堅信人性愛他，又有人認定人性自私。這些不同的聲音共同營造了人性哲學的良好氛圍，也爲後續發展搭造了優越的理論平臺和多維的自由選擇。令人遺憾的是，與先秦時期人性哲學領域的爭鳴局面極不協調的是，秦後人性哲學逐漸由多元走向一元、由寬鬆走向壟斷。伴隨著儒家成爲主導的文化形態，從西漢開始，中國哲學對人性的探討拋棄了事實判斷。於是，道家和法家的人性論淡出了學術視野，只剩下孟子、荀子代表的價值判斷，儒家的人性哲學成爲強勢話語，人性論、心性之學彷彿成了儒家的專利。

首先，孟子、荀子對於儒家人性哲學在秦後取得霸權地位功不可沒，秦後儒家人性哲學至尊地位的確定反過來也證明了兩人的人性哲學存在相通、相合之處。

孟子、荀子對人性進行價值判斷時，一方選取人的社會屬性，一方選取人的自然屬性，而人帶有自然和社會雙重屬性。就對人性的調理和人性對統治秩序的支持而言，專注人的社會屬性往往相信人內在的道德自覺，伸張統治秩序的可能性和可行性；執著於人的自然屬性常常依賴外在的法律強制，突出統治秩序的必要性和迫切性。對於歷代的統治來說，可能性與必要性同樣是必要的——正如對於統治方案的實施來說，道德引導與武力威懾一個都不能少一樣。

正是由於這個原因，孟子、荀子對人性一善一惡、一可能一必要、一自

覺一威懾的各執一詞恰成互補之勢，後續者對兩人的觀點不是取一棄一，卻是兼而取之。最明顯的例子是，秦後對人性的認定不是單一的或善或惡，而是善惡兼備。例如，漢代的揚雄和王充都不再把人性歸爲單一的善或惡。揚雄認爲，人之性善惡相混，修善則爲善人，修惡則爲惡人。王充認爲，人性的善惡是先天稟氣決定的，氣的不同注定了不可將人性單純的歸於善或歸於惡。這用他本人的話說便是：「稟氣有厚泊，故性有善惡也。」這意味著人性不是固定的，也不是先天注定的，而是後天形成的——在後天的積習中，人可以爲善，也可以爲惡。不惟揚雄和王充的人性哲學，秦後人性論在儒家價值判斷的框架下一再融合孟子、荀子的觀點，不論漢唐的性分品級論還是宋明的雙重人性論都是對人性善惡的綜合。這不僅是對孟子、荀子的致敬，而且以事實證明了孟子性善說與荀子性惡論之間的理論相通性。

其次，更爲重要的是，孟子、荀子基於價值判斷而對人的社會屬性的弘揚和對自然屬性的貶抑爲後續哲學家所遵從和傚仿。

主張性善情惡的李翱認爲，至善的本性由於受到七情的蒙蔽藏而不露，惟有除去情慾，善性才能恢復。具體地說，去情復性的方法是「忘嗜欲」，人只有排除物慾的干擾，加強內心修養，才能達到空寂安靜的「至誠」境界，進而超凡入聖。張載從氣本論出發，認爲氣的本性就是人的本性。氣之本來狀態構成的「天地之性」清澈純一無不善，爲人和萬物所共有；人稟受陰陽二氣所形成的「氣質之性」卻駁雜不純，是各種欲望和不善的根源。在此基礎上，張載強調，人必須通過修養工夫變化氣質，通過消除氣質之性中的不善，恢復天地之性中的先天善性。朱熹與張載一樣一面聲稱天命之性至善、氣質之性有善有惡，一面讓人改變氣質使人性復歸於善。與張載不同的是，朱熹進而凸顯人心與道心的區分，宣布天理與人慾勢不兩立，在「去人慾，存天理」的說教中爲人的超凡脫俗指點迷津。

有了秦後人性哲學發展走勢的歷史維度，回過頭來反觀孟子、荀子乃至整個先秦人性哲學，不僅可以深切體悟各家思想的不同點，而且容易透視他們的相同處。其實，孟子、荀子的人性哲學既有相同、相通之處，也有不同、差異之處。在關注兩人思想不同點的同時不應否認二者之間的相同點，在強調孟子、荀子人性哲學相同點的同時也不應掩蓋二者之間的差異點。這才是客觀的態度和明智的方法。對待孟子、荀子人性哲學的關係如此，對待儒家與其他各家人性哲學的關係也應這樣。

第二十九章　先秦歷史哲學

內聖外王的熱望使中國人與生俱來地癡迷於歷史。這使中國的歷史學異常發達，也使中國的歷史哲學蔚爲大觀。早在先秦時期，諸子百家就圍繞著人類歷史的遞嬗軌跡展開了爭鳴。在對人類社會或循環、或直線的勾勒中，既有對聖王的傾慕，又有對聖王的不屑；既是復古情結的流露，又交錯著英雄史觀與天命論的雙重痕跡。這種複雜情況既是百家爭鳴的縮影，也再現了先秦歷史哲學的豐富性和多樣性。

第一節　不同的審視維度和價值取向

作爲過去、現在向未來的延續，歷史遵循怎麼的遞嬗軌跡？人應該以何種方式參與歷史、進而從過去走向未來？這是每一時期的歷史哲學都饒不開的中心話題。事實上，人類歷史的遞嬗軌跡和價值依託一直是先秦歷史哲學的熱點話題。正是圍繞著這兩個中心話題，先秦時期的諸子百家展開了循環論與直線論之爭和法先王與法後王之辯。

一、循環論與直線論之爭

人類是如何從過去走到今天的？現在的社會將怎麼走向未來？這涉及對歷史遞變規律的概括，集中表現爲對歷史軌跡的勾勒。先秦時期的諸子百家都熱衷於對人類社會遞嬗軌跡的透視和勾勒，具體看法卻迥異其趣，由此引發了循環論與直線論之爭。大致說來，道家和陰陽家傾向於把人類歷史視爲周而復始的循環，法家則把人類社會視爲直線的發展過程。

　　在孔子的視界中，人類社會的歷史充其量只不過是加加減減的簡單損益而已，其中只有量變而絕無質變。沿著這個思路，他最終得出了「百世可知」的結論。這用孔子本人的話說便是：「殷因於夏禮，所損益可知也。周因於殷禮，所損益可知也。其或繼周者，雖百世可知也。」（《論語·為政》）孔子對於人類歷史軌跡的概括雖然不是標準的循環論，但是，他得出的「百世可知」的結論卻把人類社會固定在先前的歷史中，與循環論具有某種程度的內在關聯。

　　與孔子相比，孟子的循環論要清晰、明確得多。根據經過自己剪裁和想像的歷史資料，孟子對人類社會的演變過程進行了如下描繪：堯之時，洪水泛濫成災，人們無處安身，只好到高處打洞穴居。禹疏通河道，把野獸趕回到草澤之中。危險消除了，天下太平，這是由亂而治。堯舜死後，聖人之道漸漸衰落，殘暴之君不斷出現。他們毀壞民宅做深池，破壞農田做園林，禽獸隨之而來。到商紂時，天下復歸大亂。這是由治而亂。周公助武殺紂，兼併夷狄，把野獸趕向遠方，社會恢復了安寧。這是由亂而治。此後，荒謬學說和殘暴行為再次出現，弒君殺父的現象屢屢發生。孔子深感憂慮，作《春秋》使亂臣賊子懼，天下得到治理。這是由亂而治。通過上述考察和裁剪，孟子得出了這樣的結論：「天下之生久矣，一治一亂。」（《孟子·滕文公下》）在他看來，儘管人類社會由來已久，追尋其中的沿革規律，不過是「一治一亂」的遞嬗循環而已。孟子不僅堅信歷史演變的軌跡是周而復始的循環，而且指出人類社會的治亂循環有其固定的週期（「數」），並精確地預測這個週期是 500 年。於是，他宣布：「五百年必有王者興，其間必有名世者。」（《孟子·公孫丑下》）更有甚者，帶著儒家廣播仁義於天下的道義擔當，孟子自信地吶喊：「夫天，未欲平治天下也；如欲平治天下，當今之世，舍我其誰也？」（《孟子·公孫丑下》）經過如此推演和論證，孟子的歷史循環論顯得不僅有理有據，而且有情有義。

　　老子、莊子代表的道家雖然沒有直接探討人類社會的遞嬗軌跡問題，但是，道家的理論本身特有的思維方式卻注定了在兩人的視野中人類歷史除了周而復始的迴圈之外別無他途。在這個意義上，道家的歷史哲學無疑屬於循環論。老子宣稱：「反者道之動。」（《老子·第 40 章》）由於事物總是向相反的方向運動，變化過程也就是向出發點的復歸，因而呈現出從終點回到原點的圓圈。正是在這個意義上，老子聲稱：「夫物云云，各歸其根。歸根曰靜，

靜曰覆命。」(《老子・第 16 章》)至此可見，老子之道的特點和對事物運行軌跡的認定運用於人類社會難免有周而復始之嫌。莊子把道視爲出於幾、入於幾的流變過程，凸顯了道的周而復始。與此相一致，莊子把人與萬物的產生、變化均納入道無限循環的鏈條之中，多次表達了周而復始、死生一條的觀念。在這種思維框架下，人類歷史當然也是周而復始的循環。

在先秦歷史哲學中，循環論的典型形態是鄒衍代表的陰陽家的觀點。在用金、木、水、火、土五行推演四季和自然現象的基礎上，他還用五行之間的相生、相勝來演義人類社會的王朝更替和治亂興衰，把歷史的發展說成是「五德轉移」的結果。鄒衍認爲，人類歷史的演變就是從「土德」開始，依次歷經木、金、火、水，最終重歸「土德」的過程。這顯然是一種歷史循環論，並且使人類歷史神秘化了。儘管鄒衍用陰陽五行的複雜推演詮釋歷史演變讓人看得似懂非懂，然而，他的繁複推演增強了其理論魅力和說服力，給人一種言之鑿鑿的感覺。

與儒家、道家和陰陽家的觀點有別，法家對人類歷史的審視獨闢蹊徑，主要表現便是擺脫了循環論的窠臼而另謀他途。以先秦法家的集大成者韓非的歷史哲學爲例，徹底走出了人類歷史周而復始的循環模式。韓非指出，人類社會是不斷變化的，並將之劃分爲四個不同階段，分別稱爲「上古之世」、「中古之世」、「近古之世」和「當今之世」。韓非儘管並沒有明言後一階段一定高於前一階段，然而，他強調適用於某一歷史階段的事情不一定適用於另一階段。沿著這個思路，韓非堅決反對「是古非今」的復古主義，明確指出古代的治理措施不適用於當今社會。基於這種認識，韓非傾向於把人類社會的演變軌跡視爲一條直線，在肯定人類社會的歷史變遷的前提下，注重當今現實。與此一脈相承，因時制宜的原則和治國不必法古等觀點成爲韓非歷史哲學的主要內容，這些顯然與儒家、道家和陰陽家的思路有別。

上述內容顯示，在對人類歷史變化軌跡的勾勒和闡釋中，先秦時期的歷史哲學存在著兩種不同的聲音：一種是把人類歷史視爲周而復始的循環，一種是把人類社會看作今不同於古的直線軌跡。正是這兩種不同的聲音構成了先秦歷史哲學領域的循環論與直線論之爭。顯而易見，就爭論雙方的勢力而言，循環論是主流和強勢群體。在循環論的強大陣勢面前，直線論顯得人單勢孤。

二、法先王與法後王之辯

在上演著循環論與直線論的爭鳴的同時，先秦歷史哲學交織著法先王與法後王的辯論。各家對歷史的不同審視流露出不同的致思方向和價值旨趣，更決定了人參與歷史的不同方式。與對人類社會或循環或直線的不同審視一脈相承，先秦歷史哲學呈現出法先王與法後王兩種不同的價值旨趣和行為方式。對於這一爭鳴，儒家和墨家加入到法先王的行列中，法家則成為法後王的一面旗幟。

儒家的復古情結濃鬱而強烈，有目共睹。「信而好古」的孔子「好古，敏以求之」，復古傾向和傾慕先賢之情溢於言表。無論孔子對周朝的讚譽還是對古代聖賢的思慕若渴都令人為之感動，背後隱藏的則是執著的復古情結。具體地說，孔子把西周視為自己的精神家園，幻想恢復周代之禮。對於西周，孔子盛讚道：「周監於二代，郁郁乎文哉！吾從周。」（《論語·八佾》）孟子同樣將目光投向了古代，在「言必稱堯舜」中把三代之文武周公視為以仁得天下的典範。當然，桀紂也隨之成為以不仁失天下的反面教材。至於孟子所崇拜的年代，即使不是堯舜的唐虞時代，至少應在夏商周——無論如何，都不晚於孔子嚮往的西周。孔子、孟子對古代聖賢的推崇不僅流露出對先王的崇拜，而且集中反映了儒家法先王的思想路線和價值旨趣。

在先秦法先王的陣營中，還有一支主力軍，那就是由墨子創立的墨家。墨子一直把法先王奉為自己的政治綱領和行為準則，並且提升到了真理觀的高度。眾所周知，墨子用以判別是非的「三表」法共有三表，其中的第一表即「上本之於古者聖王之事」（《墨子·非命上》）。依據這一標準，墨子把典籍中記載的古代聖王的事蹟作為判斷真理的標準，同時把與古代聖王的事蹟相符奉為人的行動準則。對此，墨子連篇累牘地宣稱：

> 凡出言談、由文學之為道也，則不可而不先立義法。若言而無義，譬猶立朝夕於員鈞之上也，則雖有巧工，必不能得正焉。然今天下之情偽，未可得而識也，故使言有三法。三法者何也？有本之者，有原之者，有用之者。於其本之也？考之天鬼之志、聖王之事。於其原之也？徵以先王之書。（《墨子·非命中》）

> 凡言凡動，合於三代聖王堯、舜、禹、湯、文、武者為之；凡言凡動，合於三代暴王桀、紂、幽、厲者捨之。（《墨子·貴義》）

先王之書所出國家，布施百姓者，憲也。(《墨子‧非命上》)

在墨子看來，以先王爲法不僅是人的行爲準則，而且具有法律效力。正因爲如此，他習慣於把自己的主張說成是與先王的事蹟相符，以此來證明其合法性和正當性。例如，墨子主張「明鬼」和「非命」，立論的依據便是古代君王的奉天法天、祭祀鬼神和不言有命。對於「明鬼」與法先王的關係，墨子如是說：「故古聖王治天下也，故必先鬼神而後人者，此也。故曰：官府選效，必先祭器祭服，畢藏於府；祝宗有司，畢立於朝；犧牲不與昔聚群。故古者聖王之爲政若此。古者聖王必以鬼神爲，其務鬼神厚矣。又恐後世子孫不能知也，故書之竹帛，傳遺後世子孫；咸恐其腐蠹絕滅，後世子孫不得而記，故琢之盤盂，鏤之金石以重之。有恐後世子孫不能敬箬以取羊，故先王之書，聖人一尺之帛，一篇之書，語數鬼神之有也，重有重之。此其何故？則聖王務之。」(《墨子‧明鬼下》)再如，對於「非命」與法先王的關係，墨子寫道：「然胡不嘗考之聖王之事？古之聖王，舉孝子而勸之事親，尊賢良而勸之爲善，發憲布令以教誨，賞罰以勸沮。若此，則亂者可使治，而危者可使安矣。若以爲不然，昔者桀之所亂，湯治之；紂之所亂，武王治之。此世不渝而民不改，上變政而民易教。其在湯、武則治，其在桀、紂則亂，安危治亂，在上之發政也，則豈可謂有命哉？夫曰有命云者，亦不然矣。」(《墨子‧非命中》)這就是說，既然桀紂之亂與湯武之治的秘訣在於一爲有命、一爲非命，那麼，安治與危亂截然不同的效果足以促使後人覺醒，非命而爲。

出於同樣的心理和動機，墨子在先王的事蹟和法先王的路線中爲他的「尚賢」主張找到了依據。對此，墨子一而再、再而三地申明：

是故古之先王發憲出令，設以爲賞罰以勸賢。(《墨子‧天志下》)

故昔者三代聖王禹、湯、文、武方爲政乎天下之時，曰：必務舉孝子而勸之事親，尊賢良之人而教之爲善。是故出政施教，賞善罰暴。(《墨子‧非命下》)

且以尚賢爲政之本者，亦豈獨子墨子之言哉？此聖王之道，先王之書，距年之言也。《傳》曰：「求聖君哲人，以裨輔而身。」《湯誓》曰：「聿求元聖，與之戮力同心，以治天下。」則此言聖之不失以尚賢使能爲政也。(《墨子‧尚賢中》)

由此可見，如果說孔子、孟子崇慕先聖還是基於情感好惡的話，那麼，墨子的法先王則提升到了理性的高度——不僅成了眞理標準，而且夾雜著功

利考慮。從這個意義上說，墨子的尊古、復古情結比孔子、孟子代表的儒家有過之而無不及。就推崇即所復之古的年代而言，墨子把仰慕的目光投向了西周前的夏商兩代，對夏禹、商湯祈天禱天、為民祛災等公而忘私的行為大加褒獎。在夏、商之中，墨子對夏及夏政傾注了更大的熱情。

面對聲勢浩大的法先王浪潮，韓非代表的法家始終堅守著法後王的陣地。韓非指出，時代在變化，古代與當今社會的實際情況發生巨大差異。拿經濟狀況來說，古代人口少，財貨多，不爭奪足以溫飽；由於人口的增長速度高於生活資料的增長，當今社會人口多而貨財少。不僅如此，經濟處境的變化使人的道德狀況發生了改變。面對財物的匱乏，人們開始人心不古，社會風氣隨之驟變。對此，韓非總結說：「上古競於道德，中世逐於智謀，當今爭於氣力。」（《韓非子·五蠹》）由於社會狀況和時代背景發生了變化，尤其是面對「當今爭於氣力」的局面，道德不再適用。這些表明，正如古代的治理措施不適合於今一樣，法先王是沒有出路的。只有以後王為法，才能國富民強、稱霸於世。韓非旨在強調，經濟狀況的變化帶動了人之生存境遇的改變，治國措施也應因時制宜。有鑑於此，韓非反覆指出：

> 故事因於世，而備適於事。（《韓非子·五蠹》）

> 是以聖人不期修古，不法常可，論世之事，因為之備。（《韓非子·五蠹》）

基於上述認識，韓非提出了「世異則事異」、「事異則備變」（《韓非子·五蠹》）的應對措施，勸導統治者「古今異俗，新故異備」。有鑑於此，他呼籲因時變法、與時俱進，嘲笑固守舊法不變的墨守成規。《韓非子》中的許多寓言故事生動、形象地說闡明了因時制宜的道理，也淋漓盡致地反映了法後王的意趣。

正如循環論與直線論的勢力並不均衡一樣，先秦歷史哲學領域中的主導聲音以法先王為主，法先王的勢力遠遠壓過了法後王。儘管法後王勢力單薄，然而，作為法先王的對立面，法後王的存在意義同樣不容低估。法后王推動了先秦歷史哲學的法先王與法後王之爭，在戰國群雄逐鹿的血腥廝殺中愈顯英雄本色。

先秦歷史哲學的核心話題圍繞著循環論與直線論、法先王與法後王展開，這方面的內容既是先秦歷史哲學的爭議焦點，也是基本論域。對於先秦歷史哲學來說，循環論與直線論側重審視維度，是對歷史流變軌跡的概括和

勾勒；法先王與法後王側重價值旨趣，是對行爲原則和參與方式的闡釋。兩者各有側重，缺一不可。與此同時，作爲梳理先秦歷史哲學的主線，循環論與直線論、法先王與法後王這兩條爭論之間具有內在的統一性：審視維度即對歷史演變軌跡的認定直接決定了人對歷史的參與方式，正如對歷史的循環認定預設了先王的價值、使法先王成爲行爲原則一樣，對歷史的直線審視排除了先王對當今社會的意義和價值，在「無先王之語」的前提下，法後王便成爲唯一出路。

第二節　不同的復古動機和思想主張

上述介紹表明，先秦歷史哲學是圍繞著法先王與法後王兩條路線的爭論展開的；在法先王與法後王的交鋒中，法先王的陣營和呼聲遠遠大於、高於法後王。正是法先王這一旗幟拉近了儒家、墨家之間的距離，並在某種程度上使儒家、墨家與道家呈現出某些相似性，最終一起站到了法家的對立面。

崇尙無爲而治、返璞歸眞的道家既不法先王、也不法後王，表面看來超然於這一爭論。儘管如此，由於反對任何文明對人之本眞性情的殘害，老子主張恢復到結繩而治的遠古時代，莊子則嚮往人畜未分的原始狀態。由此看來，兩人的復古傾向徹底而鮮明。正是在復古、向後看這個意義上，道家與儒家、墨家匯合了。就法先王的致思方向和價值取向而言，這是向後看而不是像法後王那樣向前看。這就是說，儒家、墨家的法先王都有轉化爲復古主義的可能性。相對於儒家和墨家而言，道家在復古的道路上走得更遠。

總之，在先秦眾多的學術流派中，除了法家貫徹「法後王」的治國策略，認爲時代在發展、治國不必法古之外，復古是共同的理論導向和價值追求。進而言之，儒家、墨家和道家都有復古傾向，然而，各家的理論動機和初衷卻大相徑庭，不可一概而論。在對先秦各家復古問題的認識上，一般都對儒家與墨家相提並論，並把老子與莊子混爲一談。這樣既不利於還原歷史眞實，也有礙於分辨各家的具體主張。有鑑於此，有必要在肯定儒家、墨家和道家都有復古情結的基礎上，進一步剖析各家迥然相異的復古動機。通過比較、分析可以看到，儒家與墨家、老子與莊子的復古動機和具體主張均不可同日而語。在爲何復古以及如何復古等問題上，正如孔子、孟子與墨子的思想不同一樣，老子與莊子的觀點有別。

一、道德的完善與利益的驅動——孔子、孟子與墨子懸殊的復古初衷

儒家與墨家雖然都出於對古代聖賢的崇拜而法先王，但是，兩家法先王的具體動機和意圖並不完全相同。大致說來，儒家把聖賢視為道德完善的典範，讓人加以倣傚；除此之外，墨家呼籲法先王還有利益的驅動。

孔子好古敏以求之，保護古代歷史文化成為他法先王的主要原因和內容。因為認為周代「郁郁乎文哉」，孔子表白自己「從周」。循著這個邏輯，周「監乎二代」，如果夏商二代同樣文采郁郁的話，那麼，孔子不一定只是「從周」了。孔子崇拜文王，是因為文王的文化——「文王既沒，文不在茲乎？」（《論語‧子罕》）與此同時，按照他的理解，「百世可知」，治國之道只是聖賢的損益而已。這樣一來，法先王便能以古知今，預測未來。除此之外，在孔子那裡，法先王、保護文化遺產也就是保存民族性，守護心中的精神家園。這正如曾子所說：「慎終追遠，民德歸厚矣。」（《論語‧學而》）

與孔子一樣，「言必稱堯舜」的孟子凡事都要到先王那裡尋找依據，尋求辯護。例如，孟子推銷仁政，他的說辭是三代以仁得天下、以不仁失天下。這流露出與孔子一樣的聖賢崇拜和法先王情結，復古的年代也隨之由孔子膜拜的西周上溯到了夏商周乃至唐虞時代。這表明，孟子與孔子一樣是在崇拜的心態下復古的，不同的只是孔子側重文、孟子側重德而已。這從一個側面表明，人人心中都有自己的先王，法先王正是想借先王之權威宣講自己的抱負和理想。其實，在這一點上，墨子何嘗不是如此！

對於墨子的學術歷程，《淮南子》記載如下：「墨子學儒者之業，受孔子之術，以其禮煩擾而不悅，厚葬靡財而貧民，（久）服傷生而害事，故背周道而用夏政。」（《淮南子‧要略》）從中可知，墨子早年曾經是儒者，後來才自創墨學而成為墨者。問題的關鍵是，無論早年的服儒術還是後來的改弦更張，不管從周禮道還是用夏政，墨子始終推行法先王的路線，走的都是以聖賢為榜樣、倣傚先王的路徑。這表明，墨子與孔子、孟子一樣是出於對聖賢、先王的崇拜而復古的。可以作為佐證的是，在法先王的過程中，墨子也像儒家那樣強調保護人類文化遺產。正是在這個意義上，墨子一再指出：

> 古之聖王欲傳其道於後世，是故書之竹帛，鏤之金石，傳遺後
> 世子孫，欲後世子孫法之也。今聞先王之遺而不為，是廢先王之傳
> 也。（《墨子‧貴義》）

天下之所以生者，以先王之道教也。今譽先王，是譽天下之所
以生也。可譽而不譽，非仁也。(《墨子·耕柱》)

在這裡，墨子認定先王創造文化是爲了傳給子孫後代，並且肯定先王的
文化遺產是人類保持傳統的最佳方式。墨子把文化的傳承視爲人類延續的一
部分，與孔子代表的儒家相似。在這個前提下應該看到，墨子法先王的主張
有三個主要特徵，顯示了與儒家的漸行漸遠：第一，墨子使所復之古的年代
從西周上溯到了夏代，在復古的道路上愈走愈遠。第二，更爲重要的是，從
法先王的具體內容來看，墨子更注重政治舉措和行政路線而不是道德方面的
率先垂範。儒家膜拜的先王都是道德楷模，即使是治國理政也與道德密不可
分，即推行仁者的王天下者。這用孟子本人的話說便是，「先王有不忍人之
心」，所以「行不忍人之政」。第三，墨子法先王出於利益的考慮，流露出明
顯的功利訴求和宗旨。墨子多次直言不諱地聲稱：

昔之聖王禹、湯、文、武，兼愛天下之百姓，率以尊天事鬼。
其利人多，故天福之，使立爲天子，天下諸侯皆賓事之。(《墨子·
法儀》)

古者明王聖人所以王天下，正諸侯者，彼其愛民謹忠，利民謹
後；忠信相連，又示之以利。(《墨子·節用中》)

在墨子看來，先王治國的秘訣無非是利，並且收效甚佳。先王爲後人留
下了成功的治世經驗，法先王而治可以事半功倍。

分析至此可以看到，一方面，儒家、墨家法先王的前提都出於對先王的
崇拜，都把法先王作爲思想原則，從而奉爲治國理民的行動綱領。於是，儒
家和墨家成爲先秦歷史哲學中法先王的主力軍。另一方面，儒家與墨家法先
王秉持各異的復古動機，從一個側面展示了兩家不同的行爲追求和理論旨
趣。因此，對於儒家與墨家的法先王路線及復古主張不可等而視之。

二、文明的異化與本性的扼殺——老子與莊子迥異的復古動機

如上所述，在復古問題上，老子、莊子代表的道家與儒家、墨家走到了
一起，站在了法家的對立面；在漠視而非崇拜先王的意義上，老子與莊子的
復古思想呈現出一致性。儘管如此，老子、莊子嚮往的理想境界和復古的意
圖卻顯示出不容忽視的差異性。深入探究這一點，有助於還原老子與莊子思
想的異同關係。

　　老子曾經描繪了這樣一幅理想的社會圖景：「小國寡民，使民有什伯之器而不用，使民重死而不遠徙。雖有舟輿，無所乘之，雖有甲兵，無所陳之，使民復結繩而用之。甘其食。美其服。安其居。樂其俗。鄰國相望，雞犬之聲相聞。民至老死不相往來。」（《老子·第 80 章》）這就是說，老子幻想的烏托邦是，國小、人少，用不著各種器物——既不需要舟車，也不需要文字，僅有遠古時代的結繩而治就足夠了；沒有廝殺、遠離戰爭，人民永遠定居在一個閉塞的小天地裏；人與人之間彼此孤立，自給自足，過著「甘其食，美其服，安其居，樂其俗」的生活。顯而易見，老子具有濃鬱的復古情結，希望回歸到「結繩而用」的遠古時代。

　　老子描繪的「小國寡民」的理想王國有一個顯著特點，那就是：極力反對物質文明、排斥文化知識。老子對物質財富持淡漠甚至否定態度，具體表現有二：第一，在老子幻想的理想國度中，人有各種生活器皿而棄置不用。第二，老子固執地認爲，「利器」、「奇貨」會給人民的生活乃至國家的安定帶來麻煩和混亂，甚至將之視爲國家昏暗和盜賊蜂起的原因。老子斷言：「民多利器，國家滋昏。人多伎巧，奇物滋起。法令滋章，盜賊多有。」（《老子·第 57 章》）與對待物質文明的態度相似，老子不僅否認知識、文化和道德的積極作用，而且認爲它們的存在將會危害社會。在他看來，虛僞、紛爭都是智慧和道德的產物，只有消除它們，才能從根本上杜絕虛僞和紛爭等現象。老子曰：「大道廢，有仁義。智慧出，有大僞。六親不和，有孝慈。」（《老子·第 18 章》）循著他的思路，由於智慧的參與，人變得不再眞誠和眞實，出現了虛僞；爲了從根本上消滅虛僞，必須廢黜智慧；人無知無識，也就斷絕了製造虛僞的心機，永遠剷除了虛僞。

　　總之，在老子看來，物質財富和物質享樂使人多欲，激發人的種種奢望。這用他本人的話說便是：「馳騁田獵令人心發狂。難得之貨，令人行妨。」（《老子·第 12 章》）精神財富使人多私，變得虛僞和失眞。只有拋棄所有的物質財富和精神文明，人才能返璞歸眞、其樂融融。於是，老子設想：「絕聖棄智，民利百倍。絕仁去義，民復孝慈。絕巧去利，盜賊烏有。……見素抱樸，少私寡欲，絕學無憂。」（《老子·第 19 章》）閒置了一切生活器具，擯棄了精神文明，人生活在完全自在自發的狀態之中，這就是老子魂牽夢縈的社會理想和生活方式。按照他的一貫主張，物質財富、精神財富都只能給社會和百姓帶來危害。所以，治理國家既不能採取物質刺激的經濟手段，也不能使用

催人奮進的道德感化。一切只能順其自然，無爲而治。老子宣稱：「是以聖人處無爲之事，行不言之教。」(《老子·第 2 章》) 在他看來，洞徹道之眞諦的聖人對百姓實行無爲而治，放任自然，決不喋喋不休地加以教化。老子相信，實行了無爲，不崇尚賢能，人自然而然地沒有了爭強好勝之心，也就徹底根除了爭鬥；不以物稀者爲貴，人自然而然地不會再去偷盜；看不見刺激欲望的東西，人的心情自然不再狂亂。如此一來，百姓始終保持著無知無欲的狀態，聖人從而收到了無爲而無不治的效果。毫無疑問，老子幻想的這種無爲而治的境界只能存在於沒有經過文明洗禮的原始社會。

莊子認爲，本性爲美，名利、知識、技巧和情感等都會對本性產生損害。因此，爲了尊生、養生和盡天年，人必須忘物、忘我、忘親而無所不忘。這便是鼓居的本眞狀態。他對這種本眞狀態充滿憧憬，並多次描述說：

> 故至德之世，其行填填，其視顛顛。當是時也，山無蹊隧，澤無舟梁；萬物群生，連屬其鄉；禽獸成群，草木遂長。是故禽獸可係而遊，鳥鵲之巢可攀援而窺。夫至德之世，同與禽獸居，族與萬物並。惡乎知君子小人哉！(《莊子·馬蹄》)

> 夫赫胥氏之時，民居不知所爲，行不知所之，含哺而熙，鼓腹而遊。民能以此矣！及至聖人，屈折禮樂以匡天下之形，縣跂仁義以慰天下之心，而民乃始踶跂好知，爭歸於利，不可至也。此亦聖人之過也。(《莊子·馬蹄》)

透過莊子對「至德之世」的描述和說明可以清楚地看到，莊子同樣具有無法排遣的復古情結。在復古的問題上，如果說老子極力想恢復到恬淡靜謐的原始社會的話，那麼，莊子則試圖把社會歷史拉回到人畜未分的史前時期。這使莊子嚮往的理想樂園與老子略顯不同。

與老子相似，莊子對道德、文明給人的天然本性帶來的摧殘進行了淋漓盡致的揭露和批判。所不同的是，莊子比老子更進一步，把最高的理想境界設定在人畜未分的狀態。兩人思想的這種差異表現在話語結構上便是：老子再三呼喚人如嬰兒、以擯棄文明的薰染；莊子以物稱人，把人歸爲道所派生的萬物之中。莊子將道稱爲「物物者」，將人和道派生的天地萬物統稱爲物。這樣一來，人便與動物乃至植物無異，於是便有了人應該向動物學習、鼓居使聖人成爲聖人的必然結論。

由此可見，正如崇拜先王的儒家與墨家的復古動機並不完全相同一樣，

老子與莊子的復古觀點彰顯了不同的價值訴求。老子反對文明對人的異化，追求無爲而治，並且反對有爲。在他看來，文明即是有爲，是有爲造成了人的虛偽，鼓動人的欲望，使人追求技巧，所有這些直接導致人的異化。爲了使人無知無欲、見素抱樸，必須擯棄一切仁義道德和物質文明。於是，人及人類社會只好還原到沒有經過任何文明洗禮的原初狀態——史前時期。莊子復古除了具有無爲而治的原因之外，還出於對本眞之性的渴望。他認爲，本性和天然爲美、爲善，損傷、破壞和戕害人之本性的行爲都是不道德的，任何刻意、有爲都應該罷手。具體地說，要想完全恢復人的本然狀態，必須拋棄一切知、情、欲，只有無知、無情、無欲，才能使人恢復本性，自由自在，與動物無異而與萬物渾然一體。

上述內容顯示，儘管都有復古傾向，儒家、墨家和道家的價值取向和具體主張大不相同。這種殊途同歸的現象恰好證明了兩個問題：第一，復古是先秦歷史哲學乃至整個古代哲學的思想主流和共同理想，儒家、墨家和道家懷揣不同的目的共同彙集到了復古的麾下。第二，復古具有巨大的內涵張力，各家可以在這一口號下表達自己的理論主張和價值訴求。正因爲如此，在先秦時期的復古思潮中，儒家、墨家與道家的復古主義不可同日而語。孔子、孟子和墨子復古是由於思慕先賢、幻想到古代聖王那裡尋找治世之方和人生準則。與此一致，夏禹、商湯、周文王、周武王和周公成爲他們崇拜的偶像。這些人物都是治國方面的榜樣，顯然並非道家之至尊。與儒家和墨家的自強不息、勤勉奮進相比，老子、莊子代表的道家基於對有爲的排斥和對無爲的嚮往而對世事漠不關心。與儒家和墨家對仁愛或兼愛的渴望迥異其趣，老子和莊子對包括愛在內的情感、道德和文化都不屑一顧。結果如上所述，孔子復古是出於對古代（主要是西周）禮儀的推崇和對文王、周公等古代先賢的傾慕，墨子復古也是出於對古代聖王的尊崇，這些匯成了兩家的法先王情結。道家復古卻不法先王，因爲老子、莊子都試圖恢復到沒有經過文明洗禮和文化薰陶的蒙昧時代，呈現出某種反文化傾向。

第三節　先秦及古代歷史哲學的流弊

與在其他領域的情形相似，先秦歷史哲學形成了「百家爭鳴」的局面，其中有「不貴其師」（《老子・第 27 章》）的對聖王的漠視，也有對聖王的崇

拜；在法聖王的陣營中，又有先王與後王之爭；當然，穿插其間的還有循環論與直線論構成關於歷史軌跡之辯。這種爭鳴局面潛藏著多種可能性，為歷史哲學的後續發展提供了多種選擇方案。儘管如此，後來歷史的發展事實表明，對於先秦歷史哲學所提供的循環論與直線論、法先王與法後王等不同樣式和多種選擇，循環論和法先王佔有絕對優勢，對後世產生了無法比擬的廣泛影響。於是，法先王、循環論和復古成為中國古代歷史哲學的主旋律，尚同、因循守舊也隨之成為中國人的主導心態之一。

一、循環論之窠臼

在中國歷史上，關於歷史走向、遞嬗軌跡是循環往復的圓圈還是直線向前的演變，前者始終處於主導地位。儘管唐代的柳宗元、明清之際的王夫之等人都反對今不如古的說法，強調人類社會後勝於今，然而，這種呼聲很微弱，並且最終難逃循環論之窠臼。相反，鄒衍和孟子的歷史循環論代表了古代歷史哲學和中國傳統文化的主基調，對後世的哲學、文化、政治理念、民族心理都產生了深遠的影響，並且決定著中國古代哲學的價值取向和思維方式，成為古代歷史哲學的主流。董仲舒接著鄒衍的思路，在陰陽五行的相生相剋、天與人的相類相與框架內把人類社會的歷史描述成三正、三統的無限循環，致使孔子的「百世可知」成了萬世可知，於是才有了「天不變道亦不變」。同樣，不知是孟子的超常自信感染了後人，還是他正宗儒門後學的身份令人肅然起敬，反正是孟子的循環論在中國古代哲學中擁有廣闊市場，受到大多數人的信服。例如，在歷史觀上，王夫之反對復古主義，指出三代以前人類處於野蠻狀態，與夷狄、禽獸相去不遠。後經周唐各代，人類社會的物質生活、精神生活和政治方略都有提高，遠遠超過了從前。應該說，這種觀點不僅是直線論，而且是可貴的進化論，有高於前人之處。令人遺憾的是，王夫之最終還是難免循環論之劫運。他斷言：「天下之勢，一離一合，一治一亂而已。……一合而一離，一治而一亂，與此可以知天道焉，與此可以知人治焉。」（《讀通鑑論》卷 16）這個說法與《三國演義》第一回所說「天下大勢，分久必合，合久必分」一樣代表了中國人的大眾心理。

循環論在古代中國中如此根深蒂固，以至於到了近代尚沒有退出歷史舞臺。開近代風氣的龔自珍、魏源呼籲維新的理論武器仍然是古老的循環論。與古代哲學家的認識無異，龔自珍把事物的螺旋式發展曲解為循環式的運動

或封閉型的圓圈。他寫道：「萬物之數括於三：初異中，中異終，終不異初。……萬物一而立，再而反，三而如初。」〔註1〕魏源以同樣的思路指出：「氣化遞嬗，如寒暑然。」〔註2〕這就是說，事物的變化正如寒來暑往一樣周而復始，這種理論的歸宿是歷史領域的循環論。果然不出所料，魏源用循環的眼光審視歷史，並且詳細地把人類社會的循環歸結為治－安－樂－亂－患－憂－治幾個主要環節，進而把豐富、複雜的社會事件和歷史變遷塞進這一事先擬定好的模式之中。這用魏源本人的話說便是：「『天下之生久矣，一治一亂。』治久習安，安生樂，樂生亂。亂久習患，患生憂，憂生治。」〔註3〕

二、復古、守舊之流弊

在中國古代哲學中，不知是復古情結導致了循環論，還是循環論助長了復古主義，反正有一點是可以肯定的，那就是：當古代哲學家去審視人類歷史時，既然人類社會是按照周而復始的循環模式沿革的，那麼，無論歷史之舟駛向何時何地似乎都沒有新奇的發現，一切都似曾相識。這便是古代因循守舊思想之濫觴——因為歷史演變的脈絡是周而復始的循環，一切都曾發生過。

不僅如此，既然一切都在重演，並沒有什麼新鮮貨色，那麼，古代聖人的做法便足以垂範千古，他們也成為今人膜拜、傚仿的榜樣。正因為如此，在大多數情況下，這種復古傾向又導致了聖賢情結。於是，向聖人看齊便成了古代歷史哲學的共識。墨子直接提出了「尚同」主張，讓人同於天、同於天子、同於古代聖王。就先秦歷史哲學來說，無論先王、後王，都是以王為法。在效法聖王的問題上，各家的觀點沒有分歧。這就是說，向聖人看齊是法先王與法後王共同的題中應有之義。

在循環論的視界中，作為周而復始的循環，歷史是對過去的重複，一切都彷彿昔日重來。這導致了中國人崇尚傳統、思慕先王的價值旨趣和大眾心理。中國古代歷史哲學的法先王主張和復古傾向造就了中國人因循守舊的國民性格和價值取向。於是，反對標新立異和超越創新，一切固守常規、按老規矩辦成為治國理民、為人處世的基本準則，經學傳承中的傳、注、疏等不

〔註1〕 《龔自珍集》上海古籍出版社 1999 年版，第 16 頁。
〔註2〕 《魏源集》（上冊）中華書局 1976 年版，第 257 頁。
〔註3〕 《魏源集》（上冊）中華書局 1976 年版，第 39 頁。

同範式便絕好地證明了這一點。進而言之，由於在對待傳統與創新時始終偏倚傳統而忽視創新，最終導致兩個後果：第一，在文化沿革上注重傳統有餘，超越創新不足。即使著書立說，也要在先人文本中尋找根據。哲學思想的表達不是以問題切入，而是以經典切入。於是，哲學以注疏、訓詁、考據等為思想表達的主要方式，盛行解釋學傳統。第二，在真理觀、價值觀上尚同，推崇聖人標準和古人標準。與此相聯繫，在人格模塑上，推崇共性而貶抑個性；在為人處世上，追求趨同而不尚張揚。

第三十章　先秦法哲學

　　中國是聞名於世的禮儀之邦，中國傳統文化是典型的倫理本位的文化。一個明顯的證據是，中國古代的法學思想往往被道德哲學的光彩所掩蓋，遠沒有像道德哲學那樣爲世人所景仰、所熟知。事實上，在先秦哲學中，法哲學方興未艾，儒家、墨家乃至道家都有自己對法的獨特理解，法家學派更是源遠流長。從時間出現的先後來看，法家可謂捷足先登，從子產、管仲、鄧析、商鞅、吳起、慎到、申不害到韓非，法家出現的名人較早也最多。這表明，法家在先秦時期即與儒家、道家和墨家分庭抗禮，成爲當時的重要學派之一。在先秦時期，中國形成了法哲學。法哲學也是諸子百家爭鳴的內容之一，先秦法哲學形式多樣，內容豐富。通過對各家法哲學的深入剖析和比較研究，可以透視中國法學思想特有的人文特徵以及對中國古代社會和大眾心理產生的巨大影響。

第一節　先秦哲學的法制模式

　　基於不同的思維方式、價值取向和人生理想，諸子百家對法的理解各不相同。這使先秦法哲學領域出現了百家爭鳴的局面。歸納起來，先秦的法哲學主要有三種模式：第一，禮法模式，代表儒家的主張。第二，法天模式，代表墨家的主張。第三，法術模式，代表法家的主張。

一、儒家的禮法模式

　　對於刑與德兩種治國方略的效果，孔子進行了如是比較：「道之以政，齊之以刑，民免而無恥；道之以德，齊之以禮，有恥且格。」（《論語・爲政》）

由此，可以得出兩個基本的認識：第一，孔子並不完全排斥法律，而是承認法律具有使百姓行動起來規規矩矩的警戒作用。正因爲肯定法律不失爲一種治國方式，孔子才有「君子懷刑，小人懷惠」（《論語・里仁》）的說法。在這個層面上，孔子只不過是由於道德主義的價值取向和思維方式在法律與道德的比較和選擇中更傾向於道德的引導而已，而這與儒家的道德訴求息息相關。第二，孔子認爲，與道德相比，法律是一種不得已而行之的下策，治理國家以道德爲主，以法律爲輔。如果有可能，最佳選擇當然是全然置法律於一旁而獨任道德。於是，便有了「子爲政，焉用殺？子欲善，而民善矣。君子之德風，小人之德草。草上之風，必偃」（《論語・顏淵》）的說法。

基於對道德與法律的上述理解，孔子選擇了德治路線。孔子所講的德治，主要依據禮樂教化，基本思路是通過統治者自身的率先垂範、道德引導使百姓自覺端正自己的行爲。對於德治來說，禮樂教化不可或缺，禮是一個至關重要的範疇。禮在孔子那裡作爲外在的形式、禮節或禮儀並不是純粹的道德手段，作用機制也並非完全依靠人的主觀自覺。恰好相反，禮帶有極大的外在性和強制性，因而具有某種法律意味。例如，孔子認爲仁的愛人精神作爲內在情感和實質內容要通過外在的形式——禮表現出來，是禮使仁在面對不同的對象時區分出不同的厚薄和尊卑。因此，對於仁而言，禮至關重要。孔子所講的禮泛指禮節、禮儀，具體指周禮即西周的典章制度即規範人與社會以及人與人的禮法，具有與生俱來的外在性和強制性。拿孔子非常重視的、作爲仁之本的孝來說，是一種內在的主觀自覺，表現爲對父母存有孝敬之心。這是自然親情的體現。孔子並不否認這些，而是強調事父母之孝應該遵循周禮而爲，具體要求是「生，事之以禮；死，葬之以禮，祭之以禮」。禮的出現在無形中使孝由於過分注重形式而妨礙了孝敬之心的表達，甚至只管孝敬之禮而無視孝敬之心。孝由孝敬之心與孝敬之禮的結合蛻變爲向孝敬之禮的傾斜與孔子對禮的強調一樣反映了儒家道德法律化的傾向，並由此開啓了儒家法哲學的禮法模式。

在孟子那裡，禮仍然是一個重要範疇，在人與生俱來地「四心」之中，即包括禮之萌芽在內。正是在這個意義上，他反覆斷言：

　　　辭讓之心，禮之端也。（《孟子・公孫丑上》）

　　　恭敬之心，禮也。（《孟子・告子上》）

在孟子那裡，禮被賦予雙重意蘊：一方面，作爲「四心」（恭敬之心或辭

讓之心）之一，禮被內化了，故而被冠以「……之心」。正是循著「四心」先天固有、與生俱來的邏輯，孟子明確聲稱：「仁義禮智，非由外鑠我也，我固有之也。」（《孟子·告子上》）另一方面，孟子指出，禮的精神實質是尊敬，作用和價值是使仁和義等道德觀念以恰當的形式表現出來。對此，孟子宣稱：「仁之實，事親是也；義之實，從兄是也。智之實，知斯二者弗去是也；禮之實，節文斯二者是也。」（《孟子·離婁上》）毫無疑問，作為表現形式和行為規範，禮具有不容置疑的外在性。更為重要的是，對於孟子來說，無論對於仁還是對於義而言，所謂恰當的形式，最主要的一條就是差等原則。例如，就仁而言，禮的要求是：「君子之於物也，愛之而弗仁；於民也，仁之而弗親。親親而仁民，仁民而愛物。」（《孟子·盡心上》）很顯然，由禮表現出來的仁之愛是有差等的，這種親—民—物的秩序不僅包括時間上的先後，情感上的厚薄，而且包括地位上的尊卑，而所有這些都不僅僅具有道德的意義。這就是說，禮在孟子那裡的外在性和強制性與在孔子那裡一樣不容置疑。孟子主張仁政，仁政中包含的制民之產的井田制和「或勞心，或勞力」的社會分工等更加突出了禮所蘊涵的法律的強制意義。

荀子隆禮重法，先秦儒家之禮的強制性和法律內涵被他發揮得淋漓盡致。荀子作《禮論》，對禮的起源、作用和原則予以闡發，藉此彰顯禮的強制性。在此過程中，荀子尚禮與隆法對舉，並且呈現出禮法合一之勢。荀子對法如此器重，以至於後人對荀子的身份歸屬——究竟是儒家還是法家爭論不休。其實，這個爭論恰好從一個側面證明了儒家之禮的強制性以及禮樂教化的法律內涵。

禮法模式由孔子發其端，中經孟子，荀子集其大成。先秦儒家的禮法模式以仁、義、禮、智為核心範疇和主要內容，以禮樂教化為主要手段和具體操作。由於以禮樂教化為手段、以道德引導和說教為主，儒家的禮法模式顯得溫情脈脈。儘管如此，禮法模式並不排斥法律，更非沒有強制性。對於這一點，荀子的隆禮重法自不待言，孔子的德治路線和孟子的仁政理想也是如此。先秦儒家之禮的強制性、禮法合一趨勢乃至禮法律化在後續儒家特別是宋明理學家那裡表現得更為明顯和突出。在憑法而治上，儒家禮法模式與法家法術模式的區別只是一個溫和勸導、一個強硬鎮壓而已。這套用孟子的話語結構就是一個以理服人，一個以力服人。事實上，不管以理還是以力，反正都是使人服從社會的制度規範。這才是最終目的，也是禮法模式和法術模

式的相同之處。而這個相同之處恰好證明了儒家德治仁政的法律意蘊及其以禮樂教化爲核心的法禮模式。

二、墨家的法天模式

與儒家的禮法模式迥異其趣，墨家創始人──墨子建構了一套獨特的法天模式。精於邏輯之術的墨子先是釐定了法的內涵，給法下了這樣一個定義：「法，所若而然也。」（《墨子・經上》）這個定義表明，法就是人之言行的依據，只有與法一致才是對的。在此基礎上，墨子著重闡釋了法的必要性，以此凸顯法天的必要性、迫切性和正當性。對於法之必要，墨子的論述甚多。下僅舉其一斑：

> 天下從事者，不可以無法儀；無法儀而其事能成者，無有。雖至士之爲將相者，皆有法；雖至百工從事者，亦皆有法。（《墨子・法儀》）

> 是故子墨子之有天之，辟人無以異乎輪人之有規，匠人之有矩。今夫輪人操其規，將以量度天下之圜與不圜也，曰：「中吾規者謂之圜，不中吾規者謂之不圜。」是以圜與不圜，皆可得而知也。此其故何？則圜法明也。匠人亦操其矩，將以量度天下之方與不方也，曰：「中吾矩者謂之方，不中吾矩者謂之不方。」是以方與不方，皆可得而知之。此其故何？則方法明也。故子墨子之有天之意也。上將以度天下之王公大人爲刑政也，下將以量天下之萬民爲文學、出言談也。觀其行，順天之意，謂之善意行；反天之意，謂之不善意行。觀其言談，順天之意，謂之善言談；反天之意，謂之不善言談。觀其刑政，順天之意，謂之善刑政；反天之意，謂之不善刑政。故置此以爲法，立此以爲儀，將以量度天下之王公大人卿大夫之仁與不仁，譬之猶分黑白也。（《墨子・天志中》）

> 子墨子言曰：「凡出言談、由文學之爲道也，則不可而不先立義法。若言而無義，譬猶立朝夕於員鈞之上也，則雖有巧工，必不能得正焉。然今天下之情僞，未可得而識也，故使言有三法。」三法者何也？有本之者，有原之者，有用之者。於其本之也？考之天鬼之志、聖王之事。於其原之也？徵以先王之書。（《墨子・非命中》）

其中，類似第三段引文的話語還出現在《墨子》一書的《非命下》篇中。

上述引文顯示，墨子對法的必要性非常關注，主要思考和論證則集中在三個方面：第一，法的普適性。正如工匠不以規矩無以成方圓一樣，各行各業都有自己奉行的法。與工匠的規矩相比，法適用於所有人群。上至士相、下至百工都必須依法行事。在這裡，墨子著重突出了法的普適性——無論何人都不能游離於法之外，都應該唯法是從：將相領軍率眾、國君治理國家要有法，黎民、百工以及各行各業也都要有法。第二，法的作用和功能。正如規矩可以度方圓一樣，法可以判斷是非善惡。墨子強調，法就是釐定是非的，一切是非皆依法而斷。因此，有了法，人的所有言論和行動都可以放在法的天平上，中者爲是，不中者爲非；中者行之，不中者止之。這樣一來，一切都一目了然、善惡分明。第三，法的具體內容。既然人人都必須依法辦事、法是人人都不可逃遁的行爲準則，那麼，人的行爲究竟應該以何爲法呢？墨子崇尚之法有三：天、利和先王。

其一，天。

墨子的法哲學與本體哲學一脈相承，基於本體哲學的「天志」立場和思路而號召人們「法天」。按照墨子的說法，上天具有多種美德和品質，是宇宙間最高貴、最智慧的存在，人的行爲「莫若法天」。所謂「法天」，也就是以天爲法。這用墨子本人的話說就是：

故父母、學、君三者，莫可以爲治法而可。（《墨子‧法儀》）

然則奚以爲治法而可？故曰：莫若法天。天之行廣而無私，其施厚而不德，其明久而不衰，故聖王法之。（《墨子‧法儀》）

在確定了「法天」的思想路線和行爲綱領之後，墨子進而明確了這套綱領的具體措施和操作方案。正是在這個意義上，墨子不止一次地呼籲：

既以天爲法，動作有爲，必度於天，天之所欲則爲之，天所不欲則止。（《墨子‧法儀》）

以天志爲法也，而順帝之則也。……天之志也，義之經也。（《墨子‧天志下》）

由此可見，墨子所講的「法天」也就是順從天的意志，呼籲人的一切行爲和言論都上同於天，具體做法是爲天之所欲、不爲天所不欲。對於上天之欲和不欲是什麼，墨子解釋說，「天欲義而惡不義」、「欲人兼相愛交相利，不欲人相惡相賊」、欲尚賢、欲人上同於天等等。於是，「貴義」「兼愛」「非攻」「尚賢」「尚同」等便成爲人「法天」、上同於天的具體內容和操作步驟。除

此之外，墨子提出的法天模式在人類社會領域具體表現爲以上爲法，也就是「尚同」的一個方面。墨子呼籲：「上之所是，必亦是之；上之所非，必亦非之。」（《墨子‧尚同中》）

其二，利。

墨子熱衷於利，追逐功利的致思方向和價值旨趣使利在立法和法理中均有反映，以至於使他呼籲以利爲法。墨子指出：「凡言凡動，利於天鬼百姓者爲之；凡言凡動，害於天鬼百姓者捨之。」（《墨子‧貴義》）在他看來，利就是人們言行的法律，有利即爲，不利則止。對法的功利理解和側重使墨子十分注重行爲後果，將效果即功利視爲立法和執法的重要因素。對此，墨子如是說：「效者，爲之法也，所效者，所以爲之法也。故中效則是也，不中效則非也。」（《墨子‧小取》）對於墨子來說，利是立法原則，甚至是法本身。正是在這個意義上，他宣稱：「仁之事者，必務興天下之利，除天下之害，將以爲法乎天下。利人乎即爲，不利人乎即止。」（《墨子‧非樂上》）沿著這個思路，墨子把利視爲人的言行準則，大聲疾呼人的行爲上中天之利，中中鬼之利，下中人之利。他之所以以天爲法，歸根結底是爲了得天賞。可見，正如利是墨子一貫的價值取向和人生追求一樣，他所講的法始終與利休戚相關，立法的初衷是爲了確保利益的最大化。

其三，先王。

這一點在後面要展開說明，此處不再贅述。

總之，天、利和先王構成了墨子之法的三項內容，三者的關係是多維和互動的：天從本的角度立論，先王從原的角度立論，利從用的角度立論，共同呈現了墨子之法的不同維度和境界；在天、利和先王之中，天爲本質、爲核心——這既是因爲天對人至高無上的權威，又是因爲天與人之間的互動。換言之，法律區別於道德的基本特徵是帶有極大的強制性，以天爲法的墨子不遺餘力地彰顯上天的強制性。在他宣布以天爲法的過程中，爲天之所欲得天賞只是其中的一個理由，另一個至關重要且不可或缺的理由是，天還會罰——在人不爲天之所欲或爲天所不欲的時候。對此，墨子不止一次地宣稱：

今若天飄風苦雨，溱溱而至者，此天之所以罰百姓之不上同於天者也。（《墨子‧尚同上》）

故當若天降寒熱不節，雪霜雨露不時，五穀不孰，六畜不遂，疾菑戾疫，飄風苦雨，薦臻而至者，此天之降罰也，將以罰下人之

不尚同乎天者也。(《墨子・尚同中》)

在墨子的視界中，無論天之賞還是罰都顯示了天的權威性和強制性，同時也證明了法天的強制性和威懾力。不僅如此，在以天為法的口號下，墨子把「兼愛」「非攻」「尚賢」「尚同」等都說成是法天的具體內容和方式，從而使「兼愛」「非攻」「尚賢」「尚同」等具有了法律的強制意義。如此看來，與其說墨子由以天為法引申出來的賞罰是想像或思想中的杜撰，不如說是一種與宗教督人向善一樣的道德警戒。在某種程度上甚至可以說，墨子以先王為法是為了讓先王現身說法，帶動人更好地法天；以利為法則是為了以利為鵠的，激發人法天的積極性和主動性。這就是說，墨子以天、利和先王為法，天在三者之中一直是核心。這使法天成為墨子遵循的獨特的法制模式，墨子的法哲學歸根結底是圍繞法天展開的。

三、法家的法術模式

法家是戰國時期以法治為核心思想的學派，其理論可以上溯到春秋時期。法家的法學思想最為集中和系統，人物也最多，有春秋時的管仲、子產和鄧析，戰國時的李悝、吳起、商鞅、慎到、申不害以及戰國末期的韓非和李斯等等。法家歷來被視為中國古代法哲學的代表，韓非則是其中的總結者和集大成者。

韓非的理論貢獻和法制思想主要包括如下四個方面：第一，論證法治的正當性和合理性。韓非指出，國無常強、無常弱，奉法強則強、奉法弱則弱。鑒於奉法強弱對天下興亡和國家盛衰的決定性影響，韓非把國家盛衰、天下興亡完全歸結為法的作用，致使法成為決定因素乃至唯一力量。第二，吸收春秋戰國時期的法家人物的思想精華，以法、術、勢為框架建構了一套法學體系。韓非強調，法必須清楚明白、詳細公開，術的特點是君藏於胸、秘不示人，勢是國君的權勢、位置和條件。法、術、勢相互作用，對於國富兵強一個都不能少。第三，提出了一套推行法治的具體操作和行動方案。例如，為了維護法律的尊嚴，強調法律的固定統一、不可更改和法律面前人人平等；對自私自利的人性因勢利導，以賞罰針對其好利惡害心理；加強執法的力度和奉法的決心，杜絕有法不依、執法不嚴現象的發生等等。其四，排除思想、文化等各方面的干擾。韓非宣導「無書簡之文，以法為教；無先王之語，以吏為師」(《韓非子・五蠹》)，以此排斥百家之學，毅然決然地推行法治。在

此過程中，韓非尤其把儒家禮樂教化的道德引導視爲法治路線的最大障礙。爲此，他揭露了儒家道德的自相矛盾，並且斷言歷史在發展，道德手段只適用於古而不適用於今。在物少人多的當今社會，道德只能導致亡國的下場。韓非的這套論證在彰顯法之權威和價值的同時，無疑對儒家思想產生了一定的衝擊力和殺傷力。

其實，法、術和勢都不是韓非的首創。歷史上，商鞅重「法」，兩次在秦國變法，出臺了一系列法規，並著重塑造法的嚴峻和冷酷。申不害重「術」，並爲國君謀劃了一套深藏不露、克制群臣之術。愼到重「勢」，強調法必須與勢相結合才能更好地發揮作用。在此基礎上，愼到建議君主「握法處勢」，把君主的權勢看作行法的力量，即所謂的「賢智未足以服衆，而勢位足以缶賢者」。商鞅、申不害和愼到的觀點分別奠定了法、術、勢的重要地位。韓非正是在繼承這些思想的基礎上創建了以法、術、勢爲核心的理論體系，進一步強化和固定了法、術、勢的地位。法家崇尚法術勢，其中，勢專指君主的地位和權勢。其實，這在術中已經有所反映，甚至是術的題中應有之義。試想，除了一國之君，誰還有可能把鉗制群臣的權術藏於胸中、秘不示人呢？有鑑於此，韓非代表的法家以法、術、勢爲核心的法制模式可以歸結爲法術模式。

禮法、法天與法術模式各有自己的立法原則、法理細則和司法實踐，彼此之間的內容側重和理論特點大相徑庭：儒家的禮法模式凝結著濃鬱的道德主義情結，彌漫著理想主義情調。與儒家的禮法模式相比，墨家的法天模式和法家的法術模式則注重現實，並且帶有明顯的功利傾向。進而言之，在尚利的前提下，墨子法天模式的神道設教以及對「兼愛」、「非攻」的呼喚又使其與法家法術模式的國君專制和陰冷殘酷南轅北轍。除此之外，先秦時期還出現了道家排斥法的論調。不同於儒家的道德引導、墨家的利益誘惑和法家的法術威懾，道家呈現出對道德、禮法的超越。一方面，儒家、墨家、法家和道家不僅提出了不同的法制模式，而且相互批評，在法哲學領域展開了爭鳴：例如，儒家與墨家展開了仁愛與兼愛之爭，正如墨子以兼愛批判孔子之仁一樣，孟子對墨子的兼愛展開了猛烈的攻擊。再如，法家的法術模式始終將儒家、墨家的禮樂詩書和公平正義作爲批判的靶子。拋開韓非奉法而治、對儒家仁義軟弱無力的鞭撻不論，僅就商鞅而言，如果說六虱批判的是儒家崇尚的禮樂詩書的話，那麼，「不貴義而貴法」則將矛頭指向了「貴義」的墨子。商鞅提出的「六虱」直接針對孔子的禮樂詩書：「六虱：日禮樂，日詩書，

曰修善，曰孝悌，曰誠信，曰貞廉，曰仁義，曰非兵，曰羞戰。」（《商君書·勒令》）墨子堅信「天欲義而惡不義」，這使以義為貴成為法天的重要內容。《墨子》書中即有《貴義》一篇。在商鞅的價值天平上，法比義貴，一切都遵從法的規定。這用他本人的話說便是：「法已定矣，不以善言害法。」（《商君書·勒令》）各種法制模式的雜陳並存和爭鳴對話真實地再現了先秦自由的學術空氣，並為法哲學的後續發展提供了多種可能和選擇。在這方面，儒家、墨家和法家的思想如此，道家的言論也不例外。事實上，道家對法禮的拒斥不僅印證並展示了先秦時期寬鬆的學術氛圍和寬容的學術心態，而且擴展了後人選擇的空間。排斥法也是對法的一種理解，在這個意義上，道家的主張也不失為一種可能和選擇。

第二節　先秦法哲學的人學根基和聖賢情結

上述內容顯示，出於不同的立場和初衷，諸子百家對法的界定和理解大相徑庭，由此形成了禮法、法天和法術等不同的法制模式。這些法制模式各具特色，弘揚了不同的法律理念和法制精神。儘管各家對法的基本問題的回答和理解各不相同，然而，他們的這些爭論只限於法是什麼這一表層。如果探究現象背後的本質、潛入思維方式和價值取向等深層問題便會發現，各家的思想驚人的相似。其中，最突出的莫過於兩點：一是人性根基，二是聖王情結。先秦法哲學的這些相似點和共同處在與西方法的對比中更顯中國特色。

一、人性與法制

先秦的法制模式和具體主張皆依人性而來，基於各自對人性的鑒定。對於先秦時期的法哲學而言，人性與法制是密不可分的兩個方面。例如，儒家的禮法與法家的法術相去甚遠——一個以道德引導為主，強調主觀自覺；一個以暴力威懾為主，信憑武力鎮壓。儘管如此，兩家對法哲學的建構都依據人性而來，是各自不同的人性理論使然。具體地說，儒家的人性理論為禮法引導提供了論證，最典型的例子是孟子的性善說為仁政辯護。孟子聲稱：「人皆有不忍人之心。先王有不忍人之心，斯有不忍人之政矣。以不忍人之心，行不忍人之政，治天下可運之掌上。」（《孟子·公孫丑上》）荀子的性惡論伸張了聖王禮義的必要性，他揭露性善說將導致去聖王、息禮義就是這個意思。

孟子與荀子對人性的鑒定不同，對人性與法制模式密切關係的認識卻驚人的一致。同樣，韓非認爲宇宙本原──道自然無爲，治國者應該效法道的無爲來成就大業。國君無爲而治，具體表現就是因循人性的本然實施賞罰。由於人性自私自利，法術是最好的治國方法──賞迎合人之好利，罰針對人之惡害。韓非代表的法家強調，由於人與人之間「用計算之心以相待」，決不會「去求利之心，出相愛之道」。因此，儒家的仁愛說教和禮法模式顯得蒼白迂腐、於事無補。他由此堅信，國君在治國理政中依靠法、術、勢，不存好惡於心中，便可衣垂而天下治。這表明，先秦各家的法制模式都是基於對人性的考察和認定而來的，最先考察的是受治主體的原始天性：孟子宣導人性本善故而主張仁政，荀子認定人性惡故而隆禮重法，韓非宣稱人性自私自利因而奉法而治。

儒家、法家因循人性而治，墨家和道家皆概莫能外。墨家的法天模式強調「兼愛」、「非攻」都植根於對人性的認定之上。在墨子看來，國與人皆有所染，染之蒼則蒼，染之黃則黃。依據所染原則，人之本性和行爲是後天環境和他人影響所致，被愛被利者，從而愛人利人；被惡被賊者，從而惡人賊人。循著這個邏輯，爲了達到共同獲利的目的，必須「兼愛」、「非攻」，以此形成良好的社會氛圍和人際關係。同樣的道理，道家推崇道法自然，以返璞歸眞爲善、爲美，是因爲按照老子、莊子的說法，超越了道德和法律的羈絆、恢復天然本性就是自由，避免一切人爲的戕害就是道德的最高表現。循著這個邏輯，道家嚮往「無爲而治」，呼籲統治者排除一切人爲或束縛而讓百姓任其自然、實行「天放」。道家的主張表面上看是無法無天、蔑視法律，其實，其中流淌著自然法的神韻──以保持人的自然本性爲法。在依循人性而治上，道家的致思方向和價值旨趣與儒家、墨家、法家的做法別無二致。

二、聖王與法制

研究先秦法哲學會發現一個引人矚目的現象，那就是：無論哪家哪派，不管以何爲法，別問選擇什麼樣的法制模式，不變的是都拿聖王爲自己辯護。換言之，儒家的禮法道德、墨家的法天法利和法家的法、術、勢都離不開聖王的參與。從這個意義上說，以聖王爲法是先秦法哲學不變的主題，所不同的是各家所法聖王有別，由此展開了先王與後王的爭鳴。大致說來，儒家和墨家抱定法先王不放，法家則惟後王是法。

　　孔子開拓的禮法模式是一條法先王之路，以古代聖王爲法。孔子對周公傾慕已極，以很久沒有夢見周公爲憾。於是，孔子不僅在法制模式的選擇上表白「周郁郁乎文哉，吾從周」，而且在禮法的理想境界加入自己嚮往的先王。被孔子奉若神明的禮主要指周公之禮。這就是說，禮並非孔子所創，而是先王的遺訓。孔子對之只是損益而已。正是由於這個原因，有子將禮視爲「先王之道」，於是才有了「禮之用，和爲貴。先王之道，斯爲美」（《論語‧學而》）。孟子「言必稱堯舜」，所崇拜的先王遠不止堯、舜兩位。尤其是在歷史哲學領域，孟子提出「五百年必有王者興」，將人類歷史演繹爲聖賢、先王的發跡史。

　　先王在墨子法天的法制模式中佔有舉足輕重的位置，以至於離開了先王，墨子的法制思想則變得支離破碎、不可理喻。墨子把先王事蹟奉爲法的內容，「上本之於古者聖王之事」（《墨子‧非命上》）作爲判斷是非的標準被寫進「三表」法，並且被置於「三表」之首，墨子對先王的奉若神明由此可見一斑。事實上，先王在墨子法制思想中的意義遠不限於此。對於法先王，墨子不憚其煩地宣稱：

　　　　天下之所以生者，以先王之道教也。今譽先王，是譽天下之所以生也。可譽而不譽，非仁也。（《墨子‧耕柱》）

　　　　古之聖王欲傳其道於後世，是故書之竹帛，鏤之金石，傳遺後世子孫，欲後世子孫法之也。今聞先王之遺而不爲，是廢先王之傳也。（《墨子‧貴義》）

　　　　凡言凡動，合於三代聖王堯、舜、禹、湯、文、武者爲之；凡言凡動，合於三代暴王桀、紂、幽、厲者捨之。（《墨子‧貴義》）

　　　　故昔者三代聖王禹、湯、文、武方爲政乎天下之時，曰：必務舉孝子而勸之事親，尊賢良之人而教之爲善。是故出政施教，賞善罰暴。（《墨子‧非命下》）

　　由此可見，墨子對法先王的論證從四個方面展開：第一，從天下興盛的實際情況看，以先王爲法就是促使天下事業的生與興。這既表明了墨子呼籲法先王與他的功利訴求一脈相承，也彰顯了法先王的正當性、功效性和必要性。第二，先王之所以用書帛、金石爲載體留下文字，目的是爲了讓子孫後代以先王爲法。基於這種認識，墨子將先王之書與憲法等同。於是，他說道：「先王之書所出國家，布施百姓者，憲也。」（《墨子‧非命上》）第三，所謂

法先王，就是以古代的聖王爲法，一切言論和行動都要到古代聖王那裡尋找依據——合乎聖王則爲，合乎暴王則止。第四，被墨子所法的先王具有不同的所指：從宏觀上說指堯、舜、禹、湯、文、武（如第三段引文所示），從中觀上說指禹、湯、文、武（如第四段引文所示），從微觀上說則僅指夏代的大禹。

與儒家、墨家對先王的追慕南轅北轍，法家將天下治理的希望寄託於後王。因此，不惟韓非，所有的法家人物都法後王。例如，愼到聲稱「守法而不變則衰」。在法家那裡，既然法不是一成不變的，那麼，先王的垂訓和經驗則變得一文不值，甚至還可能產生誤導。這堵塞了以先王爲法的必要性和合法性。商鞅用發展的眼光審視人類社會的歷史，進而得出了「治世不一道，便國不法古。……反古者不可非，而循禮者不足多」（《商君書·更法》）的結論。這個結論駁斥了以先王作爲榜樣被效法的正當性，爲後王作用的發揮提供了可能性。韓非從分析經濟條件、人性因素入手，闡明了古今社會的不同狀況。他強調，古代的治國策略不符合當今變化的環境，「世異而事異，……事異而備變」（《韓非子·五蠹》）的現實決定了先王對於當今社會毫無意義。從否認先王對於當今社會的治理具有積極意義和價值入手，法家拉開了與儒家、墨家的學術分野。值得注意的是，法家只否認先王的作用，並不全盤否認聖王的作用。準確地說，在法家的法術模式中，否定先王的作用恰恰是爲了樹立後王的權威。正是在否定以先王爲法的前提下，法家亮出了法後王的旗幟，宣布後王才是唯一的權威，故而對後王寄予厚望。

其實，法先王與法後王儘管所法之聖王有先與後之別，然而，這兩條路線以聖王爲法的初衷別無二致，共同湧動著聖王情結。這一點與先秦法制思想的人性根基一樣，反映了中國法制思想的獨有特徵，那就是：法以人爲本，法離不開人。

先秦法哲學始終凸顯法制與人性的密切相關，依據人性確立相應的法制模式。這體現了中國法理因人而治的原則，也爲法治的人治化埋下了伏筆。可以看到，由於因人而治，儘管儒家、墨家和法家的具體主張有別，然而，他們提出的法制模式都根據人性的某一方面有感而發、有備而來。這種立法依據和法理思路在避免使法制抽象、空洞的同時，關注人的存在、人的需要、人的價值和人的理想。由此，先秦的法哲學擁有了濃厚的人學底蘊。人學底蘊使各家的法制模式遵循人性化思路，很好地抒發了人道主義情懷。對於這

一點，儒家禮法模式的仁者愛人、墨家法天模式的「兼愛」「非攻」自不待言，即使是法家的法術模式訴諸刑賞二柄也是因緣人情好惡。與因人而治互爲表裏，先秦法哲學重視人的作用，突出知法、執法的主體自覺。從人性中引申出來使法在保持強制性的同時始終與人密切相關，帶有某種內在性和屬人性。在這方面，中國法制模式的選擇既重視統治主體的素養和價值觀念，又看中治術對受治主體產生的實際效應。無論儒家還是法家都將提升受眾內心境界視爲最高目標。例如，孔子說：「道之以政，齊之以刑，民免而無恥。」（《論語・爲政》）商鞅也說：「禁奸止過，莫若重刑，刑重而必得，則民不敢師，故國無刑民。」（《商君書・堂刑》）與此相一致，先秦法哲學關注法對於執法主體的內在強制性和責任感，爲其自覺地知法、執法提供保障。在這個意義上，中國法哲學更顯人性化，是不同於西方的法制理念。與先秦法哲學的內在化和人性化相比，西方之法則更爲崇尚外在的異己力量。古希臘之法的化身是女神，基督教讓上帝爲人類立法並進行末日審判。在法的面前，無論何人都是消極、被動的受體，無助而無奈。尤其在基督教那裡，人不僅帶有與生俱來的原罪，而且是迷途的羔羊，終究逃不脫上帝的掌心。

問題到此並沒有結束，與關注人、從人性中引申出法律觀念密切相關，中國的法哲學具有道德化的傾向。事實上，中國的道德與法律並沒有嚴格的界限，這不是因爲道德和法律就其價值而言都是人的行爲規範，而是因爲中國歷來具有禮法合一的傳統。這使道德法律化，也使法律道德化。例如，身爲法家的管仲和子產都強調法制，又都重視道德教化。講學於稷下學宮的齊國法家法禮並重，先德後刑，形成了一套較爲溫和的法制理論。法家向道德的靠攏與孔子爲法律留下一席之地、荀子禮法並重一樣，都體現了中國法哲學的人性化旨歸和人道主義情懷。

第三節　古代法哲學的消極後果

如果說人性化和人道主義是先秦法哲學的優點的話，那麼，與此相伴而生的則是先秦乃至古代法哲學與生俱來的致命缺陷。這除了與人性、聖王密切相關而走向人治之外，還包括禮法、法術模式出於對各自理論的強調和對對方的詆毀所造成的道德與法律的相互僭越，以及在民眾中產生的不良心理等。

一、人治遺患和專制病症

　　由於缺乏辯證的思維方式和多維視界，儒家、墨家和法家在宣揚自己的具體主張時走向極端，使注重人性、崇拜聖王的人學底蘊以及人道主義情懷最終演變爲人治病症和專制獨裁。具體的說，在尋找法制的人性根基和推崇聖王時，先秦各家不管選擇什麼樣的法制模式，無論以何爲法，最終都歸結爲人治。例如，孟子的「五百年必有王者興」喊出了儒家對聖王的期待，同時流露出天下治亂繫於聖王一人的思想端倪和立論邏輯。作爲中國古代君權神授的理論辯護者，墨子在宇宙本原——上天那裡爲天子取得了庇護權，並且在上同於天的「尚同」路線的實施中呼籲人間的一切人都上同於天子。這實際上是把人間的興衰委託給了天子一人。出於同樣的思路和邏輯，韓非極其重視聖王在法制中的作用，把法治路線的推行寄託於國君一人。他提出的法、術、勢思想都是圍繞國君展開的，甚至可以說是爲國君出謀策劃的。其中，法是國君所制，術、勢主要指君主統治國人的計策、權術和條件。總之，聖王崇拜使中國古代的法之權利集中於君主一人——至少擁有法的最終解釋權，所不同的只是儒家和墨家推崇的是先王、韓非依傍的是後王——當代的國君而已。從這個意義上說，無論法先王還是法後王，本質上都是以人（王）爲法，以人爲治。在以人爲治這個層面上，先王與後王並無本質區別。於是，便不難理解荀子爲什麼一會兒法先王，一會兒又法後王了。進而言之，以人爲治的結果是，或者把法的推行、實施寄託於一人，或者乾脆以人代法。

　　法律注重權利與義務的劃界和平衡。作爲調節人與人的行爲規範，無論禮法還是法術都事關施治與受治的主體雙方，主體雙方之間的權利、義務與責任應該大體平衡。中國古代的法制模式除墨家主張平等、互惠互利之外，儒家將差等奉爲基本原則。與禮法、法術最後都歸結爲人治相類似，儒家和法家所講的不同主體之間的責任、權利和義務極端不平衡。例如，儒家的禮法模式祖護尊者、長者之利，而弱化其應盡的義務。一個不爭的事實是，君與臣、父與子、夫與妻的權利與義務並不對等，存在著明顯的權利傾斜——前者是永遠的受益方。在中國古代社會中，禮集道德與法律於一身，而禮的功能和作用便是分別和等級。偏袒在上者，強調下級對上級、卑者對尊者、幼者對長者的義務和後者對前者的特權是中國古代法律的一大特色。正像臣對君之忠與君對臣之惠不平等——臣之義務和責任遠遠大於君、君之權利遠遠大於臣一樣，父子、夫妻之間的關係也逃不脫上下、尊卑之窠臼。這與中

國的宗法等級制度相互支撐，或者說最終演變爲等級制度本身。儒家的「刑不上大夫，禮不下庶人」明目張膽地劃定了法律面前的特權階層。法家的法術模式則唆使國君運用手中的權勢和法術以官爵爲誘餌、玩弄群臣於股掌之中。

　　中國古代的法律條文不像歐洲那樣精細和繁瑣，對權利與義務的規定界線不清，並且大都侷限於刑法，民法極不發達。民間紛爭幾乎全靠風俗習慣調節，調節的辦法和規則往往具有很大的伸縮性、靈活性。在這種背景下，官吏在執行公務時只遵循行政命令，以至於以上級的意志代替法律。這樣一來，誰有權利誰就能爲所欲爲，沒有權利就喪失一切。儒家的禮法模式依憑統治者自身的帶頭作用原本具有積極意義，在實踐中卻滋生出一個流弊，那就是：一言堂、家長制，於是，尊者、貴者和長者成爲法律本身。結果是，以人代法，以人代德。不僅人存政興，而且人亡政息。與此同時，由於權利就是法律的化身，發展到極至就是「君叫臣死，臣不得不死；父讓子亡，子不得不亡」。家長制和以人代法的制度化及典型表現就是君主專制和中央集權制。如果說儒家還對民心、民意予以一定程度的關注的話，那麼，法家則極端獨裁專制。例如，重「術」的申不害宣稱：「獨視者謂明，獨聽者謂聰。能獨斷者，故可以爲天下主。」（轉引自《韓非子・外儲說右上》）由此，他建議最高統治者「獨視」、「獨聽」和「獨斷」，時刻防備大臣操縱權力、玩弄權柄。申不害聲稱君主個人的言行和主張決定國家的興亡，斷言君主「方寸之機正而天下治，故一言正而天下定，一言倚而天下靡」。這些言論旨在爲君主的獨裁提供理論辯護。對於國君來說，勢在法術勢中處於核心地位。韓非把維護君主的權勢提到哲學的高度來加以論證：「道無雙，故曰一。是故明君貴獨道之容。」不僅如此，他告誡君主不能信任任何人——特別是群臣，並且用術對群臣進行暗中窺視、相互牽制，以至於慫恿國君用投毒、暗殺等手段對付群臣。不僅如此，爲了加強君主集權，剪除私門勢力，韓非慫恿國君殺害不爲君用的無辜隱士。這些草菅人命的做法不僅有悖於公正和公平原則，而且本身就是對法的褻瀆和踐踏。

二、道德與法律的相互僭越

　　道德和法律一樣究其極是調節人與人關係的行爲規範，無論作爲個人修養還是作爲統治方略，任何法制模式都只具有工具性而不具有價值性和目的

性。在中國歷史上，無論儒家的禮法德治還是法家的高壓政策都使道德或法律不同程度地僭越成目的。隨之而來的是，人的價值被貶損，有時甚至淪爲犧牲品。

儒家的禮法模式爲了強調道德的普適性而貶低法律的作用，法家的法術模式爲了伸張法律的權威則誇大道德的無能。這樣做的結果不僅損害了其抨擊對象的形象，而且使自己推崇的道德或法律發生僭越——在儒家的禮法模式中，法律應起作用的地方看不見法律的影子而被道德僭越了；在法家的法術模式中，道德應起作用的地方找不到道德而代之以法律。以禮爲法是儒家的模式。孔子代表的儒家主張德主刑輔甚至用道德取代法律的後果是道德在法律應起作用的地方代替了法律，道德僭越了，充當了法律。這是道德的泛化，最終導致道德的異化。戴震對於「宋儒以理殺人，酷吏以法殺人」的控訴便是道德異化的形象說明。同樣的邏輯，在法家奉法而治的過程中，一切領域和問題都付諸法律，法成爲唯一的解決辦法和調節手段，於是，合法而不合理、不合情的現象時有發生。韓非代表的法家在弘揚法術時爲法而法，不僅使法與理、與情相悖，而且剔除了法中的人文關懷和人道精神。例如，爲了樹立法律的權威，韓非消除異己，並反對百家之學，爲日後的「焚書坑儒」埋下了禍根。道德在此變得一文不值、被人不屑一顧，完全被法律所吞噬和僭越了。對於道德或法律的膨脹和異化，先秦時期的《老子》、《莊子》均有清醒的抨擊和揭露，可惜沒有引起足夠的共鳴。

儒家道德向法律的僭越與法家法術向道德的僭越相互作用，最終使禮法與法術失去其爲了人的初衷和作用，異化爲人不可抗拒的外在力量，進而從手段僭越爲目的本身。孟子提倡的「殺身成仁」、「捨生取義」彰顯了人的生存價值和崇高，如果是甘願奉獻的話無可厚非。直到宋元明清時期，道德則異化爲統治人的桎梏，所以才有戴震「宋儒以理殺人」的控訴。其實，在理學「餓死事極小，失節事極大」（程頤語）的評價標準中，道德成爲遠遠大於人之生命的價值，人的生命和生存權利在此變得無足輕重。法家爲了維護法律的威嚴，崇尚嚴刑酷法，不惜草菅人命，致使人的存在如同草芥一般微不足道。總之，在由手段向目的的僭越中，道德和法術成爲價值本身，人的存在、人的尊嚴和人的價值卻被遮蔽和貶損了。於是，人成爲恪守道德、維護法律的一個法碼——如果人還有價值的話，這便是人的唯一價值。

三、懼法和拒法心理

　　從客觀效果和社會影響來看，無論法制的人治遺患、專制弊端還是道德與法律的相互僭越都極大地損害了道德或法律在人心目中的形象和威信，由此造成了不良後果。儒家的禮法模式提倡禮樂教化、道德引導，卻最終演變為用道德代替法律。這使人對儒家溫情脈脈的道德產生懷疑進而反感，以至說起道德總給人一種假大空的流於形式、牧師佈道的言不由衷或虛偽做作之感。同樣，法律的特點和運行機制是認定法律意義上的因與果——以賞罰為手段，前因承擔後果。法律之中既有賞之德，又有罰之刑。由於崇尚嚴刑酷法，德在法術中被抽走。這樣做的後果是，在中國，與道德的勸善相對應，法律注重懲惡和警戒。在中國古代的話語結構中，賞為德，罰為刑。中國古代的法律側重刑罰，嚴刑峻法成了法律的主要形象。歷史上，秦晉兩國的法家主張嚴刑峻法，反對禮義說教，專注法、術、勢，是法家激烈而徹底的一派。可是，這一派卻政績顯著，力併天下。因此，人們通常把秦晉法家視為先秦法家學派的主要代表。李悝、吳起和商鞅等人皆屬此派。韓非更是崇尚嚴刑酷法，並在賞與罰中突出法律的刑罰和暴力威懾。韓非在維護法律尊嚴的名義下，不惜一切代價、不擇手段。這損害了法律的形象，也使民眾產生了懼法心理。

　　如果說道德僭越的後果是使中國人講道德如牧師佈道一般言不由衷，以至於在現實生活中提倡道德總給人一種虛偽、作秀甚至假大空的感覺的話，那麼，法律僭越的後果則造就了中國人獨特的民眾心態和法律觀念。這有兩種具體表現：第一，懼法。對法律誠惶誠恐，偏執地從懲罰、禁止的角度理解法，無視法的積極作用。結果是對法律避之而惟恐不及，往往抱定寧死不告狀、屈死不喊冤的信念。第二，拒法。不習慣也不願意用法律途徑處理人際關係或解決各種問題，辦公證、簽合同、去法院往往為一般人所不屑。此外，目前我國司法實踐中存在的「私了」現象即是這種觀念的遺風。

　　中國人的懼法、拒法心理除了源於中國法律側重嚴懲重罰之外，還源於中西方不同的法律理念。如上所述，無論儒家的禮法還是法家的法術都用上下、等級和尊卑觀念代替公平和公正，與西方法律追求的公正、公平和正義有嚴格區別。西方古代尤其是古羅馬以法律著稱於世，法律在西方指準則、法規，是公平、公正和正義的象徵。在古希臘，正義一詞源於女神狄刻的名字。狄刻是宙斯同法律和秩序女神忒彌斯之女。在希臘人的雕像中，狄刻手

執聚寶角和天平，眼上蒙布，以示不偏不倚地將善物分配給人類。有鑑於此，狄剋是正義的化身，主管人間是非善惡的評判。在拉丁語中，正義（justice）得名於古羅馬女神禹斯提提亞（Justitia），包含正直、無私、公平和公道等意義。古希臘的梭倫最早在正義概念中引入「給一個人以其應得」的含義。中西法律觀念的不同法理和立法精神造就了不同的大眾心理：與西方人親法、愛法相比，中國人懼法、拒法。在這方面，如果說西方人把法律視為保護自己權利的武器、對之既敬重又親切的話，那麼，中國人則視法律為束縛人的桎梏，除了約束人犯上作亂之外，別無他用。在西方人好法、中國人惡法的大背景下，不可思議又在情理之中的是，法家人物歷來難得善終，如商鞅遭車裂，吳起被射殺，韓非飲鴆自盡，李斯被腰斬等等。法家人物的種種悲慘遭遇本身既證明了法律的威嚴沒有得以很好地維護，同樣也印證了好法者在中國人的心目中往往是奸詐不忠、玩弄權術之徒，遭到非命是自食其果。

儒家禮法模式與法家法術模式的差異，質而言之即道德與法律之爭。兩家的具體觀點和爭論對中國人的法制觀念產生了巨大而深遠的影響。在現實生活中，道德有理想化的品質，主要滿足人的精神和情感需要；法律注重現實和事實，主要滿足人的物質生活。在中國歷史上，道德與法律相互僭越而割裂的後果沿著兩個不同的方向展開：一方面，道德由於沒有法律和物質的支持而空洞甚至虛偽，道德的虛偽性在封建社會的後期登峰造極發展到了極致。另一方面，法律由於沒有道德的精神滋潤而生硬甚至流於形式，現實生活中司法實踐領域的執行難便是明顯的例子。儒家與法家不同的法制模式之爭及其不良後果啟示和警告人們，道德與法律作為兩種不同的調節手段既不可或缺又都不充分，只有相互結合才能相得益彰；任何對道德與法律取一棄一的做法都不惟不能凸顯任何一方，反而會兩敗俱傷，結果造成畸形社會和人的異化。

主要參考文獻

1. 《論語譯注》，楊伯峻注，中華書局 1980 年版。

2. 《論語注疏》，十三經疏本，中華書局 1980 年版。

3. 《老子校釋》，老子著、朱謙之撰，中華書局 2000 年版。

4. 《老子正詁》，高亨著，中華書局 1959 年版。

5. 《墨子閒詁》，墨翟著、畢沅校注、吳旭民標點，上海古籍出版社 1995 年版。

6. 《墨子閒詁》，墨翟著、孫詒讓校注，中華書局 2001 年版。

7. 《孟子譯注》，楊伯峻注，中華書局 1960 年版。

8. 《孟子注疏》，十三經疏本，中華書局 1980 年版。

9. 《四書譯注》，烏恩溥注譯，吉林文史出版社 1996 年版。

10. 《莊子淺注》，莊周著，曹礎基注，中華書局 1982 年版。

11. 《莊子注疏》，郭象注，成玄英疏，中華書局 2011 年版。

12. 《莊子詮評》，方永、陸永品著，巴蜀書社 1998 年版。

13. 《荀子簡注》，荀況著，章詩同注，上海人民出版社 1974 年版。

14. 《荀子集解》，王先謙解，諸子集成本，中華書局 1996 年版。

15. 《韓非子》，韓非著，中華書局 2010 年版。

16. 《諸子集成續編》，四川人民出版社，1998 年版。

17. 《詩經譯注》，周振甫注，中華書局 2005 年版。

18. 《尚書譯注》，李民、王健注，中華書局 2000 年版。

19. 《周易尚氏學》，尚秉和著，中華書局 1981 年版。

20. 《周易譯注》，周振甫注，中華書局 2001 年版。

21. 《禮記譯注》，楊天宇撰，上海古籍出版社 1997 年版。

22. 《禮記正義》，十三經疏本，中華書局 1980 年版。

23. 《儀禮譯注》，李景林等注，吉林文史出版社 1995 年版。

24. 《儀禮注疏》，十三經疏本，中華書局 1980 年版。

25. 《春秋公羊傳譯注》，王維堤、唐書文撰，上海古籍出版社 2007 年版。

26. 《春秋穀梁傳譯注》，承載撰，上海古籍出版社 2006 年版。

27. 《左傳》，蔣冀騁標點，嶽麓書社 1993 年版。

28. 《史記》，司馬遷著，李全華標點，嶽麓書社 1994 年版。

29. 《老子衍今譯》，王夫之，李申注，巴蜀書社 1989 年版。

30. 《老子衍 莊子通 莊子解》，王夫之著，中華書局 2010 年版。

31. 《孟子字義疏證》，戴震著，中華書局 1982 年版。

32. 《論中國學術思想變遷之大勢，》梁啓超著，上海古籍出版社 2001 年版。

33. 《齊物論釋》、《齊物論釋定本》，章太炎著，收入《章太炎全集》（六），上海人民出版社 1986 年版。

34. 《國學講演錄》，章太炎著，傅傑校訂，華東師範大學出版社 1995 年版。

35. 《文史通義》，章學誠著，葉英校注，中華書局 1994 年版。

36. 《國史大綱》，錢穆著，商務印書館 1996 年版。

37. 《中國文化史導論》，錢穆著，商務印書館 1994 年版。

38. 《中國哲學史新編》，馮友蘭著，人民出版社 1988 年版。

39. 《中國人性論史》（先秦篇），徐復觀著，上海三聯書店 2001 年版。

40. 《莊子學案》郎擎霄著，上海商務印書館 1934 年版。

41. 《原始儒家道家哲學》，方東美著，黎明文化事業公司印行 1983 年版。

42. 《莊子學史》，方勇主編，人民出版社 2008 年版。

43. 《莊學通論》，孫以楷、甄長松著，東方出版社 1995 年版。

44. 《和合學——21 世紀文化戰略的構想》，張立文著，中國人民大學出版社 2006 年版。

45. 《中國近代國學研究》，魏義霞著，生活·讀書·新知三聯書店 2013 年版。

46. 《中國通史》，白壽彝主編，上海人民出版社 1999 年版。

47. 《中國史綱要》，翦伯贊著，人民出版社 1979 年版。

48. 《中國社會通史》，龔書鐸著，陝西教育出版社 1996 年版。

49. 《中國古代社會史論》，侯外廬著，河北教育出版社 2002 年版。

50. 《中國哲學大綱》，張岱年著，中國社會科學出版社 1982 年版。

51. 《中國古代思想史論》，李澤厚著，人民出版社 1986 年版。

52. 《老莊新論》，陳鼓應著，上海古籍出版社 1992 年版。

53. 《中國人性論史》（先秦篇），徐復觀著，上海三聯書店 2001 年版。

54. 《荀學源流》，馬積高著，上海古籍出版社 2000 年版。

55. 《近代諸子學與文化思潮》，羅檢秋著，中國社會科學出版社 1998 年版。

56. 《哲學百科全書》，梅益總編輯，中國大百科全書出版社 1995 年版。

57. 《中國哲學大辭典》，張岱年主編，上海辭書出版社 2010 年版。